保险扶贫防贫的机制、效果与优化研究

廖朴　等著

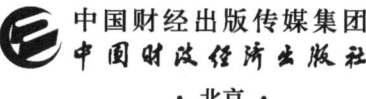

·北京·

图书在版编目（CIP）数据

保险扶贫防贫的机制、效果与优化研究 / 廖朴等著. 北京 : 中国财政经济出版社, 2025. 8. -- ISBN 978-7-5223-4137-8

Ⅰ. F842；F124.7

中国国家版本馆CIP数据核字第2025KU2111号

责任编辑：葛　新　　　　责任校对：张　凡
封面设计：孙俪铭　　　　责任印制：史大鹏

保险扶贫防贫的机制、效果与优化研究
BAOXIAN FUPIN FANGPIN DE JIZHI、XIAOGUO YU YOUHUA YANJIU

中国财政经济出版社 出版

URL：http://www.cfeph.cn
E-mail：cfeph@cfeph.cn
（版权所有　翻印必究）

社址：北京市海淀区阜成路甲 28 号　邮政编码：100142
营销中心电话：010-88191522　编辑部门电话：010-88190640
天猫网店：中国财政经济出版社旗舰店
网址：https://zgczjjcbs.tmall.com
涿州汇美亿浓印刷有限公司印刷　各地新华书店经销
成品尺寸：170mm×240mm　16 开　13.25 印张　188 000 字
2025 年 8 月第 1 版　2025 年 8 月河北第 1 次印刷
定价：68.00 元
ISBN 978-7-5223-4137-8
（图书出现印装问题，本社负责调换，电话：010-88190548）
本社质量投诉电话：010-88190744
打击盗版举报热线：010-88191661　QQ：2242791300

本书出版得到以下基金项目支持

教育部人文社会科学重点研究基地项目（22JJD790089）

高等学校学科创新引智计划（B17050）

中央财经大学中央高校基本科研业务费专项资金

前　言

自1978年以来，中国在减贫领域取得了举世瞩目的成就，显著减少了贫困人口并提升了居民生活水平，最终于2021年宣告消除了绝对贫困。然而，这仅是"反贫困"征程中的一个里程碑。当前，大量居民（尤其是农村人口）仍处于隐性贫困状态，即收入虽超过贫困线，但抵御风险能力弱，一旦遭遇冲击极易返贫。因此，未来"反贫困"工作的核心为消除隐性贫困、防范返贫风险。

消除隐性贫困、防范返贫风险的关键在于阻断隐性贫困向显性贫困转化的路径，使个体或家庭遭遇风险的可能性降低或者能够低于风险冲击。前者的关键在于增强个体或家庭的风险预防能力，这虽然对单一个体而言风险具有偶然性，但对群体而言风险具有必然性，因为风险无法完全消除。因此，消除隐性贫困、防范返贫风险的关键在于增强个体抵御风险冲击的能力。保险作为一种有效的风险管理工具，能够提升隐性贫困群体的抗风险能力，从而为彻底消除贫困提供坚实保障。

在我国打赢脱贫攻坚战的时代背景下，本书聚焦保险在防范陷贫与返贫中的关键作用，系统探讨其作用机制与优化路径。鉴于灾害与伤病是致贫返贫的核心诱因，本书分别深入考察保险对这两类风险的防范效能。一方面，鉴于传统农村居民高度依赖农业收入、易受灾害冲击的特点，本书建立了一系列基于 Ramsey-Cass-Koopmans（RCK）模型的多重均衡农业经济框架，将低均衡状态界定为贫困，重点分析农业保险及其衍生品在帮扶农民摆脱绝对贫困以及防范其因灾陷贫返贫（特别是隐性贫困转化为显性贫困）中的机制、效果和改进方向。另一方面，鉴于健康风险具有普遍性且对带病人群冲击更为显著，本书建立了一系列基于世代交叠模型的多重均衡经济增长模型，将低于特定阈值定义为贫困，着重研究了人寿保险与健康保险在防范全体居民，尤其是脆弱群体因病陷贫返贫中的作用机制、实际效果与优化措施。

研究结果表明：第一，保险（农业保险、人寿保险、健康保险）核心作用是帮助阈值以上的个体或家庭消除风险（灾害风险、早逝风险、健康风险）带来的隐性贫困问题，应成为未来"反贫困"工作的核心工具；第二，市场化的保险机制对绝对贫困无效，不能帮助处于绝对贫困的个体或家庭脱离贫困；第三，带有政府补贴、互助性质的保险机制，以及"保险＋信贷工具"的综合保险机制，可以解决一定程度的深度贫困问题。

本书既可作为研究保险扶贫防贫问题的核心参考资料，又可作为完善保险扶贫防贫措施的参考依据，也可充当硕博研究生有关保险经济学课程的教学用书。由于作者水平有限，书中难免会有失误、遗漏之处，恳请广大读者提出建设性意见。

廖　朴

2025 年 6 月

目　　录

第 1 章　引　言 …………………………………………………… 1
　　1.1　研究背景与问题提出 ……………………………………… 1
　　1.2　本书研究内容与逻辑框架 ………………………………… 5
　　1.3　本书的理论基础与研究方法 ……………………………… 9
　　1.4　本书的知识创新与改进 …………………………………… 16

第 2 章　文献综述 ………………………………………………… 20
　　2.1　贫困理论与中国贫困研究 ………………………………… 20
　　2.2　扶贫理论与中国扶贫研究 ………………………………… 28
　　2.3　保险扶贫理论与中国保险扶贫研究 ……………………… 36
　　2.4　信贷扶贫理论与中国信贷扶贫研究 ……………………… 44
　　2.5　研究现状评述 ……………………………………………… 47

第 3 章　农业保险防范农民陷贫返贫的效应研究 …………… 50
　　3.1　引言 ………………………………………………………… 50
　　3.2　无农业保险的多重均衡模型 ……………………………… 51
　　3.3　含农业保险的多重均衡模型 ……………………………… 56
　　3.4　本章小结 …………………………………………………… 72
　　附录 3-1　函数假设、参数假设与求解程序 ………………… 73
　　附录 3-2　贫困人口的计算 …………………………………… 83

第 4 章　农村小额保险防范农民陷贫返贫的效应研究 …………… 87
4.1　引言 …………………………………………………………… 87
4.2　理论模型 ……………………………………………………… 89
4.3　数值分析及解释 ……………………………………………… 95
4.4　敏感性分析 …………………………………………………… 104
4.5　本章小结 ……………………………………………………… 106
附录 4 – 1　"小额保险 + 信贷"理论模型 ……………………… 108

第 5 章　信贷、保险、"信贷 + 保险"防范农民陷贫返贫的扶贫效果比较研究 ……………………………………………………… 109
5.1　引言 …………………………………………………………… 109
5.2　模型 …………………………………………………………… 111
5.3　参数校准及基础结果 ………………………………………… 116
5.4　敏感性分析 …………………………………………………… 121
5.5　本章小结 ……………………………………………………… 125

第 6 章　人寿保险防范居民陷贫返贫的效应研究 ………………… 127
6.1　引言 …………………………………………………………… 127
6.2　居民世代交叠保险决策模型 ………………………………… 129
6.3　参数校准 ……………………………………………………… 134
6.4　人寿保险防范贫困的作用机制 ……………………………… 139
6.5　本章小结 ……………………………………………………… 148

第 7 章　健康保险防范居民陷贫返贫的效应研究 ………………… 150
7.1　引言 …………………………………………………………… 150
7.2　含身体透支决策的经济模型 ………………………………… 152
7.3　量化分析 ……………………………………………………… 157
7.4　健康保险扶贫效果研究 ……………………………………… 163

7.5 本章小结 …………………………………………………… 170

第8章 本书总结和未来研究方向 …………………………………… 171
  8.1 本书总结 …………………………………………………… 171
  8.2 未来研究方向 ……………………………………………… 177

参考文献 ………………………………………………………… 179

后　　记 ………………………………………………………… 201

第 1 章

引　言

1.1　研究背景与问题提出

贫困是经济发展中一个不容忽视的问题，帮助穷人摆脱贫困是许多国家的战略目标之一。1978—2015 年，我国在减少贫困人口、提高居民生活质量方面取得了重大成就，按照人均纯收入低于 2300 元即为贫困的标准（2010 年价格），我国贫困人口从 1978 年的 7.7 亿人减少到 2015 年的 5575 万人，减少了 92.8%。① 但我国脱贫攻坚形势依然严峻，剩下的贫困人口贫困程度更深，减贫成本更高，脱贫难度更大。为了彻底消除贫困、逐步实现共同富裕，党中央和国务院制定和实施了一系列纲领性文件，要求到 2020 年全面消除贫困，其中，2015 年《中共中央 国务院关于打赢脱贫攻坚战的决定》提出到 2020 年让 7000 多万农村贫困人口摆脱贫困，2018 年《中共中央 国务院关于打赢脱贫攻坚战三年行动的指导意见》指出未来 3 年要让 3000 万左右农村贫困人口摆脱脱贫。2021 年 2 月 25 日，全国脱贫

---

① 数据来源：《中国扶贫开发报告 2016》。

攻坚总结表彰大会在北京人民大会堂隆重举行，标志着脱贫攻坚战取得了全面胜利，完成了消除绝对贫困的艰巨任务。但是消除绝对贫困只是"反贫困"工作的阶段性任务，并且在新的历史背景下，中国社会主要矛盾已经转化为人民日益增长的美好生活需要和不平衡不充分的发展之间的矛盾，农村居民普遍处于相对贫困现状的基本事实仍然没有发生改变。"反贫困"工作仍然是一项任重道远的接力赛，是中国今后在经济发展过程中的一项长期艰巨的历史任务。

1.1.1 保险参与扶贫事业的事实与问题

为全面加强和提升保险业助推脱贫攻坚能力，2016年6月，中国保监会与国务院扶贫办联合发布了《关于做好保险业助推脱贫攻坚工作的意见》（保监发〔2016〕44号）。同时，各个保险公司也积极响应，创新发展了"河北阜平保险精准扶贫模式""广西百色'一揽子保险计划'精准扶贫模式""江西兴国老营盘村造血式精准扶贫模式"等，为保险业精准扶贫添砖加瓦。经过多年实践，保险业已经初步建立起三套功能作用协同配合的保险扶贫体系：一是以农业保险、大病保险为核心的保险扶贫保障体系，防止贫困农户因病因灾返贫致贫；二是以小额贷款保证保险、农业保险保单质押为核心的保险扶贫增信体系，推动信贷资源向贫困地区投放，推动产业脱贫政策落地；三是以保险资金支农融资和直接投资为核心的保险扶贫投资体系，引导保险资金流向贫困地区。此外，保险业还通过承办商业补充医疗保险、助学贷款保证保险、移民安置项目农房保险等方式，多形式、多渠道助推国家健康扶贫、教育扶贫、异地搬迁扶贫等战略的实施。

虽然中共中央、国务院及中国银保监会积极重视保险业精准扶贫作用，保险公司也积极研究发展保险精准扶贫模式，但是现有保险政策、保险精准扶贫模式仍然面临诸多问题，导致保险政策的扶贫效果有限、保险精准扶贫模式难以推广。概括起来，问题主要体现在以下三个方面：

第一，保险扶贫对象不精准。现有保险政策、保险精准扶贫模式未对保险扶贫对象进行精准识别。保险作为一种风险管理工具，其"输血"和"造血"功能并不明显，且保险保费对穷人来说可能成为一种负担而加剧贫困。也就是说，保险对不同财富水平的贫困人群的扶贫效果是不同的：对相对富裕的农村居民而言，保险能够转移风险防止其再次跌入贫困；对于贫困线附近的农村居民而言，保险保费造成额外负担，使其财富水平下降而更容易跌入贫困；对于绝对贫困的农村居民而言，保险无法改变其贫困现状，对其不产生效果。但是，目前的保险扶贫并未严格区分这三类人群，造成保险扶贫对象不精准。

第二，保险扶贫的产品结构不精准。现有保险政策、保险精准扶贫模式未对保险产品结构进行精准设计，所有贫困人群可购买的保险产品是单一的、相同的。但是，农村居民具有不同的风险态度和财富状况，导致其对保险产品在风险保障层次、风险保障程度、产品形态上有不同需求。现有保险政策、保险精准扶贫模式未能针对农村居民的风险态度特征和财富状况特征提供最适合的保险产品。例如，贫困线附近的农村居民仅愿意购买巨灾层次（保障层次最低，巨灾发生时赔付）的保险产品，而相对富裕的农村居民愿意购买浅层保险产品（保障层次最高，损失即赔付），但是目前市场上的保险产品是单一风险层次的，所有居民购买的保险产品是相同的。

第三，保险扶贫的补贴结构不精准。现有保险政策、保险精准扶贫模式未根据人群结构、保险产品结构制定最优的补贴结构，所有补贴均为保费的固定比例，最终导致资源配置错位。基于现实，更富裕的农村居民购买的保险产品越多，越贫穷的农村居民购买的保险产品越少；以保费固定比例为基础的补贴模式使更富裕的农村居民得到的补贴越多，而使越贫穷的农村居民得到的补贴越少。此外，由于保险产品未按不同保障层次和保障程度设计，补贴模式也未能按照保障层次和保障程度设置；而理论上，巨灾层次的保险产品得到的补贴应该最多，浅层保险产品得到的补贴应该较少。

基于现有问题，保险如何更精准地发挥扶贫作用，是一个重大问题，也是一个值得总结和研究的问题。本书拟对该问题进行研究，主要包括以下三个方面：

第一，保险扶贫精准识别问题，即保险对哪些人群有扶贫效果，对不同人群的扶贫效果差异如何。

第二，保险扶贫产品精准设计问题，即以最优扶贫效果为目标，讨论单一风险保险的保障层次设计、多风险保险下保障程度设计以及"保险＋信贷"机制设计（针对绝对贫穷人群）。

第三，保险扶贫补贴结构精准设计问题，即以最优扶贫效果为目标，讨论保险的组织形式、保费补贴的人群结构、保费补贴的产品结构以及"保险＋信贷"的补贴结构。

1.1.2 隐性贫困与保险在防范陷贫返贫中的作用

2021年2月25日，习近平总书记在全国脱贫攻坚总结表彰大会上庄严宣告：我国脱贫攻坚战取得了全面胜利，完成了消除绝对贫困的艰巨任务。在全面消除贫困的同时，我国仍然面临严重的隐性贫困问题。隐性贫困是相对于显性贫困而言的。显性贫困通常按照收入标准界定贫困，即家庭人均年收入低于贫困线即认定为贫困（Rowntree, 1901; Orshansky, 1963），例如，我国在2011年将家庭人均年收入低于2300元认定为贫困。隐性贫困是指家庭人均年收入已经高于贫困线，但是仍然可能面临不能维持基本生活需要的一种状况。世界银行在《2000/2001年世界发展报告：与贫困作斗争》中指出，除了物质匮乏，贫困还包括风险和面临风险时的脆弱性。当风险发生时，如果不能抵御风险带来的冲击，隐性贫困将转为显性贫困。根据国务院扶贫办建档立卡统计数据，截至2015年，因病致贫返贫和因灾致贫返贫的贫困户分别占建档立卡贫困户总数的42%和20%，是我国贫困问题的两大原因。因此我国面临严重的隐性贫困问题。

如何消除隐性贫困，是我国扶贫战略面临的重要问题。我国扶贫战略的最终目的是"全面建成小康社会""实现共同富裕"。但如果仅消除显性贫困，风险的发生将使隐性贫困转为显性贫困，届时贫困将动态存在（即年初的贫困户在当年脱贫，但风险发生会产生新的贫困户）。因此，要彻底消除贫困，不仅要消除显性贫困，还要消除隐性贫困，隐性贫困问题将成为我国扶贫战略面临的新挑战。

保险在消除隐性贫困工作中可以发挥关键作用。消除隐性贫困，最重要的是消除隐性贫困转为显性贫困的可能性。而隐性贫困转为显性贫困的可能性，主要取决于风险和面临风险时的脆弱性。风险客观存在，无法消除；但面临风险时的脆弱性，可以通过风险管理工具予以改变。保险是一种重要的风险管理工具，其杠杆效应（保费—保额比）、运营方式（事前管理）等优势都是其他风险管理工具无法比拟的。因此，可以运用保险机制管理风险，增强隐性贫困人群的风险抵抗能力，借此彻底消除贫困。

本书将对隐性贫困和保险防范陷贫返贫的作用展开研究，分别针对因灾致贫返贫和因病致贫返贫两类贫困，建立多重均衡模型，使用陷贫概率度量隐性贫困，研究农业保险及其相关产品和人身保险帮扶隐性贫困的机理、预期效果以及改进措施。

1.2 本书研究内容与逻辑框架

本书以打赢脱贫攻坚战为背景，以保险业防范贫困为切入点，探讨保险在防范陷贫返贫中的作用、机制以及改进方向。由于灾害和伤病是致贫返贫的主要诱因，因此，本书分别研究保险对因灾致贫返贫和因病致贫返贫的防范作用。

在因灾致贫返贫方面，因为传统农村居民的收入主要来源于农作物，更易遭受灾害风险带来的冲击而导致贫困，因此，本书将研究农业保险及其相关产品防范农民陷贫返贫的机制、效果以及改进措施。由于本书开始撰稿时我国正处于打赢脱贫攻坚战的关键时期，农村绝对贫困与相对贫困、隐性贫困并存，因此，本书既讨论农业保险及其相关产品对绝对贫困的帮扶作用，也讨论其对隐性贫困的防范作用。在因病致贫返贫方面，由于健康风险对带病人群的排他性,且我国已消除绝对贫困,因此,本书将研究人寿保险和健康保险防范居民陷贫返贫的机制、效果以及改进措施。

本书各章节内容如下:

第1章,引言。全面介绍本书研究问题、研究背景、研究内容、研究方法等内容,指出保险对扶贫和防范返贫有非常重要的作用,但是现有保险政策、保险精准扶贫模式仍然面临诸多问题,导致现有保险政策的扶贫效果有限、保险精准扶贫模式难以推广。本书运用经济学方法探究保险对扶贫和防范返贫的作用,重点关注如何利用保险更精准地扶贫以及防范返贫。

第2章,文献综述。从贫困理论与中国贫困研究、扶贫理论与中国扶贫研究、保险扶贫理论与中国保险扶贫研究、信贷扶贫理论与中国信贷扶贫研究四个方面梳理了贫困问题和保险扶贫的相关研究,并对现有研究的不足进行了讨论。

第3章,农业保险防范农民陷贫返贫的效应研究。本章基于不同财富个体采取不同效率生产技术的事实,建立了一系列多重均衡模型,讨论了帮助贫困农民摆脱贫困陷阱的方法。首先,在风险环境下建立多重均衡模型描述农村经济,其低水平均衡状态即是贫困陷阱,揭示了农民在风险和资源约束下的经济困境;其次,在该模型中引入管理农业风险的强制性农业保险,分析农业保险的扶贫效果;最后,基于基本结论,进一步讨论市场性农业保险(相对于强制性农业保险而言)的需求和扶贫效果,以及补贴政策对农业保险扶贫效果的影响。研究结果表明,如果没有保费补贴,农业保险可能并不是一个很好的扶贫政策工具,但是当政府为农民提供保费补贴以后,农业保险的扶贫效果大幅提升,即补贴政策不仅降低了农民投保的经济门槛,还通过改善风险分担和激励高效生产技术的采用,进一步促进了农村经济的可持续发展。

第4章,农村小额保险防范农民陷贫返贫的效应研究。本章沿用第3章建立的模型,引入前景理论并考虑了农村居民收入水平的实际情况,建立了一个评价保险减贫效应的动态系统理论模型,借此讨论小额保险精准扶贫问题，并对比分析了小额保险和传统保险的减贫效果。研究发现，小额保险在减少潜在绝对贫困上表现出优越性；传统保险在减少潜在相对贫困上表现出优势；而作为金融扶贫的一种创新模式，"小额保险+信贷"是解决深度贫困（显性贫困）问题的有效工具，其在提供资金支持和降低融资成本方面表现突出，为精准扶贫政策提供了新的实践方向。

第5章，信贷、保险、"信贷+保险"防范农民陷贫返贫的扶贫效果比较研究。本章扩展了第3章、第4章的研究内容，在基本研究框架中加入了信贷。信贷作为农村经济发展的重要内生动力，与保险结合被视为创新金融扶贫体制的核心方向，对我国深度贫困地区的脱贫攻坚工作具有重要意义。因此，本章基于多重均衡模型，对比研究信贷、保险、"信贷+保险"三类金融产品的扶贫效果，在不同的信贷和保险产品结构下得出破产陷贫概率，进而得出金融扶贫产品的精准设计，以创新金融扶贫体制。研究结果表明，单独信贷产品扶贫无效；保险能够帮助阈值以上人群彻底摆脱潜在贫困，但对深度贫困无效；"信贷+保险"能解决一定程度的深度贫困问题，比单独信贷或单独保险的扶贫效果更好。

第6章，人寿保险防范居民陷贫返贫的效应研究。由于贫困具有代际传递特征，且人力资本的代际转移是导致贫困代际传递的重要原因之一。基于此，本章从人力资本的代际转移特征出发，建立了一个包含父辈早逝风险和人寿保险的多期世代交叠模型，求解了父辈购买人寿保险的最优决策，并模拟计算了父辈在有无购买人寿保险时子代陷入贫困的概率，通过对比分析讨论了人寿保险对子代潜在贫困的防范作用。研究结果表明，人寿保险能够帮助子代有效应对父辈的早逝风险，防范子代因父母早逝而陷入贫困；然而父辈的人力资本水平极低时，子代必然贫困，人寿保险在此时的防范作用可以忽略不计。

第7章，健康保险防范居民陷贫返贫的效应研究。除了人寿保险，健康保险也是人身保险的重要组成部分。鉴于健康与贫困总是存在极强的相关性并互为因果，本书也关注了健康保险在预防因病返贫方面的作用。本章建立了一个内生健康风险与贫困的经济发展模型，呈现了健康风险对经济增长以及贫困的影响,并进一步引入健康保险机制,分析了健康保险的反贫困效果。研究结果表明,健康风险是贫困的主要原因之一,且其使经济萎缩;健康保险虽然无法完全消除健康风险对经济的负面影响,但能够有效缓解其对居民收入和财富的冲击。进一步分析发现,合理设计健康保险的保障范围和赔付机制,可显著提升反贫困效果,使部分甚至全部贫困居民摆脱贫困。

第8章,本书总结和未来研究方向。在多重均衡经济模型中引入风险继而引入保险,有利于从机理上研究保险的防贫效果并讨论改进措施。该思路主导了本书全文,也可以成为未来关于保险防贫的研究思路。按照此思路,可以进一步研究一些其他重要保险产品的防贫效果。

本书研究框架如图1-1所示。

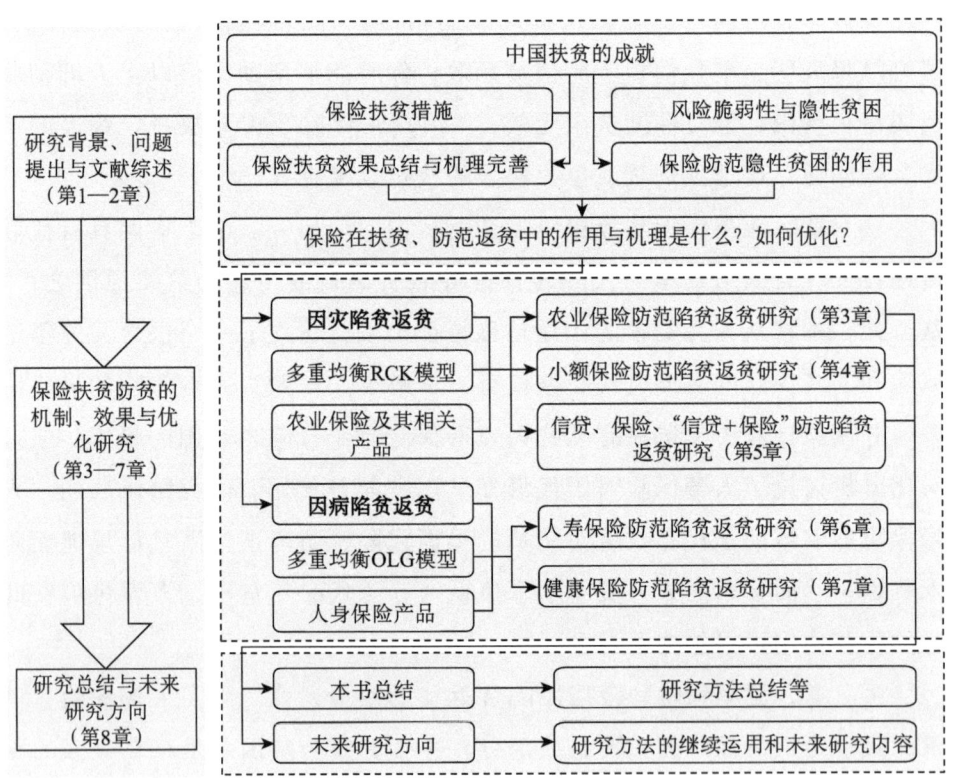

图1-1 本书研究框架

1.3 本书的理论基础与研究方法

1.3.1 理论基础

1. 多重均衡 RCK 模型相关理论

新古典经济增长理论认为,经济体不会无限地增长下去,而是会达到一个稳定的状态。有关学者认为在不同的经济体中,经济发展初期人均产出与经济增长率存在负相关,即经济欠发达地区有着更高的经济增长率,这是由于生产函数满足稻田条件的结果,最终都会达到同一个稳定状态。为了更好地研究经济发展过程中的收敛现象和动态增长过程,相对于新古典经济增长理论,多重均衡理论越来越受到广大学者的关注。多重均衡模型是指经济系统的动态路径依赖于前期状态变量所处的水平,在不同状况水平下,经济系统中有不同的均衡水平,一旦状态变量突破某一门槛,经济系统将发生突变,从而变换到另一个均衡水平。本书建立一个基于技术分层的多重均衡模型如下:

个体面临的问题可以表示为:

$$\max_{\{c_t\}_{t=0}^{\infty}} E\left\{\sum_{t=0}^{\infty} \beta^t u(c_t)\right\}$$

$$\text{s.t: } c_t + k_{t+1} = f(A_t, k_t) + (1-\delta)k_t, \forall t = 0,1,2,\cdots,n \quad (1-1)$$

其中:β 表示效用贴现因子;$u(\cdot)$ 表示效用函数;c_t 表示第 t 期的消费;k_t 表示第 t 期的资本投入;k_0 表示初始资本水平;$f(\cdot)$ 表示生产函数;δ 表示资本折旧因子。

假设生产函数 $f(\cdot)$ 具有如下形式:

$$f(A_t, k_t) = \begin{cases} f^H(A_t, k_t) = \alpha A_t k_t^{\gamma_H} - \underline{f} & k_t > \tilde{k} \\ f^L(A_t, k_t) = \alpha A_t k_t^{\gamma_L} & k_t \leq \tilde{k} \end{cases} \quad (1-2)$$

其中：α 表示全技术水平；A_t 衡量农业生产风险，且 $\{A_t\}_{t=0}^{\infty}$ 是独立同分布的，以概率 p 不发生风险，即 $A_t = A^1 = 1$，以概率 $1-p$ 发生风险，即 $A_t = A^2 < 1$；个体按照无风险时的产出水平选择生产技术，即 $\tilde{k} = \{k | f^H(A^1, k) = f^L(A^1, k)\}$；$\gamma_L, \gamma_H$ 表示边际产出弹性且 $0 < \gamma_L < \gamma_H < 1$；$\underline{f}$ 表示固定成本。

上式的含义是，个体根据拥有的资本水平选择采用两种生产技术，拥有低资本水平的个体采用低效率生产技术（边际产出弹性小），拥有高资本水平的个体以付出固定成本为代价采用高效率生产技术（边际产出弹性大）。同时，农业生产面临风险，实际产出具有随机性，是最优产出的一定比例 A_t。

基于上述两式，个体终身效用最大化问题的贝尔曼方程可以表示为：

$$V(k_t, A_t) = \max_{c_t} \{u(c_t) + \beta E[V(k_{t+1}, A_{t+1} | c_t, A_t)]\} \quad (1-3)$$

根据贝尔曼方程，设定相关参数、编写 Matlab 程序，个体资本决策的动态路径如图 1-2 所示（图中 A 点即表示贫困陷阱）。

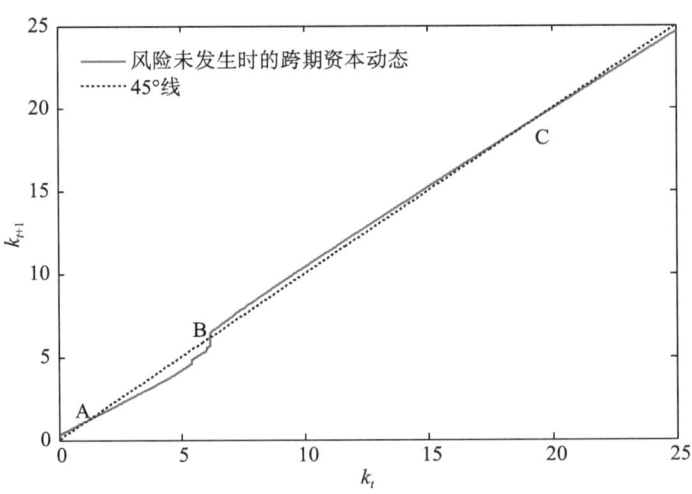

图 1-2 多重均衡模型下的跨期资本动态路径

图 1-2 显示，在上述假设下，个体长期资本水平将出现两个均衡状态：如果个体的初始资本水平 k_0 低于临界资本水平（图中 B 点所示资本水

平），个体的资本水平将收敛至 A 点；反之，如果个体的初始资本水平高于临界资本水平，个体的资本水平将收敛至 C 点。

2. OLG 模型相关理论

OLG 模型是指世代交叠模型（Overlapping Generation Model），由美国经济学家萨缪尔森（Samuelson）在 20 世纪 50 年代提出，其核心思想是将人口因素引入经济增长理论中。相比传统的经济增长模型，OLG 模型更加关注不同代际之间的互动和转移，将人口因素与经济增长紧密结合在一起。

在 OLG 模型中，人口被分为不同的代际，每个代际在经济中的角色不同。OLG 模型考虑了个人在不同时间段内的消费和储蓄行为，以及不同代际之间的转移支付和社会保障制度。具体而言，一般分成两期：第一期可以理解为年轻人，他们通过提供劳动来获得收入，且只能进行消费和储蓄决策；第二期可以理解为老年人，不再提供劳动，收入来源包括社会保障转移支付和第一期的储蓄所得，只能进行消费决策。后人通过加入政府支出、延迟退休、养老保险等具体条件，丰富了模型的内涵，构建了更为贴切社会发展实际的模型，用于研究更广泛的经济问题。

OLG 模型有着较为独特的特点。一方面，模型设定每一期都会有新老世代交替，可以准确描述经济资源在不同世代中交替的过程，对分析世代交替的情形有着鲜明的优势，这对于本书分析贫困的代际传递非常适用。另一方面，模型设定的主体间存在差异性，可以很好地详细分析并说明有代表性个体的教育、健康等问题，这对于本书分析健康风险对经济增长及贫困的影响来说同样适用。

1.3.2 研究方法

本书的研究内容涉及经济学、金融学、保险学、精算学、运筹学等不同学科的内容，基于经济学基本框架和模型建立本书研究问题所适用的模型，运用严密的数学推导得到研究的理论结论，根据现实情况的参数进行模拟得到理论结论的现实含义，最终使本书研究内容具有较强的指导意义。因此，研究方法可以简单概括为：现实总结引导理论研究；理论研究指导数学模型的建立和推导；数学模型的建立和推导完善理论研究；理论研究引导实证分析；实证分析指导实践。

一是运用案例分析法、文献综述法，找准现有政策和模式存在的突出问题，明确研究方向。我国"三农"保险及相关政策、保险扶贫模式都是在特定背景下形成的，具有历史局限性，其缺陷、问题都是随着环境的变化而产生的。保险扶贫典型事实的总结和问题的归纳需综合考虑问题的产生、发展以及未来研究，以找准突出问题，明确研究方向。在此过程中，需对制度和政策及其出台背景、不同时期制度和政策的效果、制度和政策的未来发展进行详细梳理。此外，大量学者关注贫困理论、扶贫理论和保险扶贫理论等，发展出了一系列分析工具和研究方法，这些方法和工具对研究我国保险精准扶贫问题具有重要作用。在研究具体问题之前，需对这些方法和工具进行系统性梳理、学习和掌握。案例分析法、文献资料综述法有助于理清研究问题，梳理研究方法和工具，保证研究顺利开展。

二是运用定性分析法、描述统计法，拆分研究主题所包含的问题，划分研究对象和研究问题。保险精准扶贫是一个系统性问题，保险包括不同的保险产品（机制），精准扶贫也包含多个方面的内涵，将保险精准扶贫问题进行有逻辑的、有序的拆分，有助于问题的解决，保证研究顺利开展。运用描述统计法明确与风险相关的贫困原因，检验"因灾致贫""因病致贫"的概括度；运用定性分析法，依照风险引入不同种类的保险，划分研究对象；并结合精准扶贫内涵的定性讨论，划分研究问题；最终制定出遵循逻辑的、有序的研究方案。

三是运用多重均衡分析法、优化理论分析法、数值模拟法、情景测试法，实施具体研究方案，解决研究问题。首先，运用多重均衡分析方法建立保险精准扶贫问题的一般研究框架；其次，基于该研究框架，运用优化理论分析法，建立保险精准扶贫产品最优分层理论和有限财政资金最优补贴理论；再次，运用数值模拟法，结合具体参数，编写 Matlab 程序，求解上述理论在基本情景下的基本结论；最后，基于基本情景，运用情景测试法，分析和讨论具体研究问题。理论上，只有自身无法摆脱贫困状态的居民被称为贫困居民。该定义恰好与多重均衡模型中的低均衡水平相契合，因此，国内外大量学者运用多重均衡分析方法讨论扶贫问题。基于已有学者研究，本书在多重均衡模型中引入风险和保险，建立含有保险的多重均衡模型，借此讨论保险精准扶贫问题；模型中，产品风险层次、补贴结构都将影响保险精准扶贫效果，以保险精准扶贫效果最大化为目标，结合含有保险的多重均衡模型，建立保险精准扶贫产品最优分层理论模型和有限财政资金最优补贴理论模型；由于不确定性和长期性，含有保险的多重均衡模型、产品最优分层理论模型和有限财政资金最优补贴理论模型的显性求解十分复杂，因此，本书设定基本情景使用数值方法求解上述模型；然后通过改变情景，使用敏感性分析、情景测试等方法讨论具体研究问题，得到量化结论，提出合理建议。

四是基于传统的 OLG 模型，将人身风险引入模型中，并引入人寿保险和健康保险，由此建立含有人身风险、人身保险的经济模型。首先，运用优化理论方法，在居民终身效用最大化前提下，确定个体的经济决策，从而得到居民的资本动态增长过程；其次，通过对比有无保险的情况，进而研究人身保险对防范贫困的效应。

总的来说，本书按照"实践—理论—实践"的思路，从实践中归纳问题和事实特征，基于事实特征建立理论模型，以实践检验和优化理论模型，最终解决实际问题。

1.3.3 一般分析框架

在研究保险防范陷贫返贫的作用时，我们构建了一个综合的分析框架。该框架将风险类型、贫困形成机制、保险产品的作用、政府的政策支持等多重因素纳入分析，旨在全面揭示保险如何通过风险管理工具防范因风险导致的贫困和返贫问题。分析框架如下：

一是分析影响贫困形成的风险因素。贫困的形成与多种风险密切相关，尤其是自然灾害和健康风险。贫困的形成机制可以概括为两种：因风险陷贫和因风险返贫。因风险陷贫是指原本并不贫困的个体或家庭,在遭遇风险事件(如自然灾害或健康危机)后,由于无法应对突发的财务压力,导致收入下降或支出骤增,从而陷入贫困。因风险返贫是指部分个体或家庭虽然已脱离贫困线,但仍处于脆弱的经济状态,一旦发生风险冲击,他们无法抵抗这些经济打击,从而再次返贫。这为保险产品的设计和应用提供了重要的现实依据,也指引了研究中的模型构建。

二是分析保险的风险防范机制。保险作为一种重要的风险管理工具,能够通过风险分散和保障机制,减轻家庭和个人面临的财务压力,从而降低贫困的风险。在防范陷贫返贫的过程中,保险通过风险分担机制和财务保障机制发挥作用。保险通过多方分摊风险,减轻个体或家庭在遭遇风险时的经济负担,例如,农业保险可以分担自然灾害对农作物的影响,健康保险可以分担疾病带来的医疗费用负担。保险为个体和家庭提供了一定的财务补偿,使他们能够在风险发生时维持基本生活水平,避免因财务压力陷入贫困。

三是依次分析不同保险产品如何应对不同的风险。不同的保险产品在应对不同类型的风险时具有独特的功能。基于本书的研究内容,我们主要讨论农业保险、健康保险和人寿保险在防范贫困中的作用。农业保险主要针对自然灾害风险,帮助农民减少因灾致贫的可能性。健康保险针对健康风险,防止因病致贫。人寿保险则通过为家庭的主要劳动力提供保障,防止因劳动力的丧失(如早逝)导致家庭陷入经济困难,从而减少贫困的代际传递。不同的保险产品不仅能应对不同的风险类型,还能通过不同的保险机制对个体和家庭的经济状况进行有针对性的保障。

四是分析政策支持帮助保险扶贫。为了提高保险的覆盖率和有效性,政府的政策支持至关重要。政府通过提供保费补贴、设计多层次的保险产品组合,可以有效地提高低收入群体的参保率,并增强保险的防贫效果。对低收入群体提供的保费补贴显著提高了他们的参保意愿,降低了支付保险费用的负担。补贴的合理设计对于确保保险产品覆盖足够的脆弱群体至关重要。此外，政府可以根据不同的风险类型，设计多层次的保险产品组合，如"农业保险+健康保险"或"健康保险+人寿保险"，以确保不同风险下的防范效果。

五是研究量化模型的可行性。为了定量化分析保险的防贫效果，本书采用了多重均衡模型和 OLG 模型。多重均衡模型通过设定不同的收入水平和风险状态，分析个体或家庭在不同情境下的经济状态。当个体的收入和储蓄水平较低时，容易陷入贫困陷阱，而保险可以通过分担风险，帮助个体提升其经济状态，减少陷入贫困的概率。OLG 模型特别适用于分析保险在防止贫困代际传递中的作用。通过研究不同世代之间的财富和收入转移，模型能揭示人寿保险和健康保险在保障家庭劳动力、提高代际人力资本转移中的重要性。这些模型为分析保险产品在防贫中的机制提供了理论依据。

同时，本书基于量化模型采用数值模拟方法，验证了农业保险、健康保险和人寿保险在减少因灾致贫、因病返贫中的作用，并提出了针对性的政策建议，包括优化保费补贴结构、提高保险产品设计的精准度以及加强保险与信贷的协同作用。在优化保费补贴结构方面，可以根据不同保险产品的保障层次和不同贫困人群的特点，设计灵活的保费补贴方案，以实现最大化的防贫效果。在提高保险产品设计的精准度方面，针对不同群体设计差异化的保险产品，以满足贫困人群的不同风险需求。同时，在贫困地区，通过"信贷+保险"组合模式，既可以解决农民的资金需求，也可以增强风险抵抗能力，从而降低陷入深度贫困的风险。

通过上述分析框架，可以有效展示保险在防止陷贫返贫中的综合作用。这一分析框架不仅具备理论模型的严谨性，还结合了政策分析的实际应用，为政府和保险机构在贫困防范中的决策提供了坚实的依据。

1.4 本书的知识创新与改进

本书围绕保险对扶贫以及防范返贫的贡献展开，分为农业保险和人身保险两个部分，每一部分都包括若干章节，每一章节均有一定贡献。

第 3 章贡献如下：首先，已有文献主要针对资产损失保险（Barrett, Carter and Ikegami, 2013；Janzen, Carter and Ikegami, 2016）、牲畜指数保险（Chantarat et al., 2009；2017）、健康保险（Hamid et al., 2011）等金融工具的扶贫效果展开研究，尚未有学者专门针对农业保险展开研究。但由于我国贫困人口和扶贫工作都集中在农村，对农业保险扶贫效果的评估尤为重要。其次，国内针对农业保险的扶贫研究，多采用计量模型研究农业保险对扶贫效果的整体影响（郭佩霞，2011；叶明华，2015；王韧，2016；林智勇，2017），无法分析不同资产水平下农民陷入贫困的概率，更无法分析不同补贴水平下农业保险的扶贫效果。本书运用多重均衡模型研究保险扶贫。多重均衡模型能够刻画贫困的形成机制以及自我持续机制，并能定量测算农业保险和政府支持对防止农民返贫的政策效果。本书基于 Barrett、Carter、Ikegami 等学者建立的多重均衡模型，讨论农业保险的扶贫效果。最后，本书强调了农业保险扶贫的机理和内在逻辑，农业保险并非适用于所有贫困人群，但是对于那些在临界资本附近的贫困户而言，有补贴的农业保险能起到非常好的扶贫效果。

第 4 章贡献如下：第一，基于前景理论模拟农村居民生产和消费决策，结合精准扶贫内涵，建立了一个评价保险减贫效应的动态系统理论模型，借此讨论保险精准扶贫问题，为扶贫理论研究拓展了研究思路。尽管已有研究探讨了小额保险在减贫中的潜在作用，但大多数研究主要集中在市场需求、投保率和小额保险的社会影响层面（Apostolakis, Dijk and Drakos, 2015；Platteau, De Bock and Gelade, 2017），而缺乏针对中国农村具体情境下的精准贫困识别以及小额保险的扶贫功能。第二，基于不同收入水平个体可能投资不同类型生产项目这一事实，本书对扶贫对象进行了精准识别，并且以中国的实际调研数据校准模型，探讨了小额保险和传统保险在不同收入水平群体中的减贫效应，为中国"反贫困"实践提供了理论指导。这与 Mukherjee et al.（2013）提出的小额保险市场需求优于传统保险的观点形成对比，更进一步拓展了现有研究的深度，通过定量分析为中国的反贫困实践提供了理论指导。第三，为解决中国相对贫困问题提供了全面的"前瞻性研究"，是现有研究成果的重要补充。本书将小额保险与信贷等金融工具结合，提出了"小额保险+信贷"的扶贫模式，验证了 Farrin and Miranda（2015）关于信贷与保险结合能够促进经济增长的结论，为政策制定者在选择合适的保险扶贫工具和设计精准扶贫政策时提供了新的见解和建议。

第 5 章贡献如下：信贷、保险、"信贷+保险"都是我国农村金融扶贫的助推器，但是扶贫的效果有所不同：信贷可以为农业提供资金支持；保险可以对农业风险进行管理；"信贷+保险"不但可以解决农民资金难的问题，也可以对农业生产带来的风险进行管理。现有文献虽然从多个角度深入研究了两种金融工具的扶贫效果，但是未完全回答何种金融工具的扶贫效果更好、如何设计扶贫效果更好的金融工具等问题（Han and Haren，2013；张建军和许承明，2013；潘明清，2015）。本书建立多重均衡模型，运用数值模拟的方法，对两种金融工具的扶贫效果进行量化对比研究，讨论具有最优扶贫效果的金融产品形态，这些改进在实践层面为"信贷+保险"扶贫模式的优化提供了重要的参考价值，具有较强的应用性和政策指导意义。

第 6 章贡献如下：已有文献对父辈早逝风险导致子代陷贫的现象进行了深入研究，陶存文（2011）、刘金章和王晓珊（2019）指出，早逝风险作为生命风险的主要类型之一，虽然不会对早逝者产生经济影响，但是会对依赖早逝者收入生存的家庭其他成员产生重大经济影响，但尚未有学者专门针对父辈的早逝风险存在时，人寿保险对子代潜在贫困的防范作用进行研究。对早逝风险进行风险管理、研究基于早逝风险的保险扶贫有助于在后脱贫时代防范因"逝"致贫。因此，本书从人力资本代际转移的角度研究了早逝风险对子代陷贫的影响，揭示了人寿保险对子代因父辈早逝而陷入贫困的防范作用，为我国预防返贫措施提供了新思路，完善了我国保险扶贫研究的理论成果。

第7章贡献如下：已有文献在研究家庭教育投资和贫困的代际传递时，没有考虑父母的健康风险。父母的健康状况是影响贫困代际传递的另一个关键因素。健康冲击不仅会导致劳动收入的损失，还会带来高额的医疗费用，使家庭陷入贫困或返贫（Aryeetey and Westeneng, 2016）。父母的健康状况是一项重要的资产，由于劳动收入的损失和寻求治疗的费用，健康冲击已被确定为陷贫返贫的关键诱因之一（Hamid et al., 2011）。此外，由于潜在的健康风险和医疗保险制度的缺乏，穷人可能会改变经济行为，如减少对儿童教育的投资，以应对未来可能的健康开支（Philip et al., 2015）。本书在此基础上将父母健康风险引入到家庭教育投资和贫困的代际传递的研究中，即设定父母可能因生命周期中的健康冲击而失去劳动收入并不得不支付医疗费用，丰富了该领域的研究内容，提供了一个更全面的分析框架。此外，已有文献均假定，一旦家庭的人力资本确定，家庭的收入就确定了，家庭不能以任何方式赚更多的钱。但事实上，家庭成员可以通过加班和从事危险工作来赚更多的收入；但加班工作往往会增加健康风险。因此，本书的另一个贡献是，我们允许父母以透支身体和更高的健康风险为代价赚更多的钱，从而更真实地反映了贫困家庭的经济决策过程。这一改进不仅揭示了健康风险与家庭经济行为之间的复杂关系，还对现有文献作出了重要补充。

基于上述每章的贡献，本书的知识创新和改进可以概括为以下三个方面：

第一，学术思想方面。完善贫困以及隐性贫困的内涵界定和测度：基于农村居民生产生活特征引入技术分层建立多重均衡 RCK 分析模型，基于一般居民面临最低消费约束的事实建立多重均衡 OLG 分析模型，并借用精算学中破产理论，讨论保险对隐性贫困的帮扶作用。研究融合发展经济学、消费—储蓄理论和破产理论的核心思想，视角更为全面。

第二，学术观点方面。基于陷贫概率讨论农业保险和人身保险对隐性贫困的帮扶和防范效果，观点具有创新性。具体而言，本书认为：一是保险扶贫具有一定的边界，即单独的、市场化的保险机制很难对深度贫困发挥帮扶作用；二是保险扶贫防贫需要一定的外部支持，例如，农业保险保费补贴、健康保险保费补贴（或共担），方能发挥最大效果；三是保险在反贫困领域的重大意义在于消除隐性贫困，即通过合适的保险机制，居民的风险脆弱性被完全消除。

第三，研究方法方面。本书将效用理论与精算理论有机结合，基于精算方法，运用经济学分析框架研究发展经济学中的问题。一方面，本书研究采用基于经济学框架开展，即基于经典经济学研究框架，然后引入可能导致贫困的灾害风险和健康风险，再引入对应保险，以建立一系列特征的经济框架。另一方面，本书研究基于优化理论以及精算学方法实现，即使用优化理论中的数值方法求解经济框架中的问题，然后以精算学中的破产理论定义贫困，最后通过对比分析讨论保险扶贫防贫作用，揭示其机制、效果和改进方向，并在此基础上提出切实可行的政策建议。

第 2 章

文献综述

很多学者已经就保险扶贫以及防范返贫做了大量研究,本章对这些文献进行回顾和总结。

2.1 贫困理论与中国贫困研究

2.1.1 贫困内涵的界定

贫困作为特定的社会经济现象,在 18 世纪以前由于人们生活普遍贫苦,贫困现象一直被忽视。当今对贫困理论的研究始于 19 世纪初马尔萨斯的贫困理论。马尔萨斯(Thomas Robert Malthus)在《人口原理》(1803 年增版)一书中开始重点关注英国出现的贫困问题及其根源,认为贫困是收入不能维持基本生活需要的一种状况,强调的是经济意义上的绝对贫困。回顾贫困理论发展轨迹和重要成果,可以发现贫困理论的发展过程,是一个研究领域不断扩展,研究视角不断扩大,研究重点发生转换的过程。对贫困的定义大致经历了以下三个阶段:

第一阶段：单一的物质匮乏和短缺。最初人们对于贫困的认识主要局限于避免饥饿和营养不良这一贫困的内核。如英国学者朗特里（Rowntree）在1901年对贫困的定义为"总收入水平不足以获得仅仅维持身体正常功能所需的最低生活必需品"。1963年，美国经济学家欧桑斯基（Mollie Orshansky）将购买美国农业部食品计划所包含食物的费用的3倍设定为贫困线，以此来定义贫困。1982年，美国经济学家劳埃德·雷诺兹认为："所谓贫困问题，是说在美国有许多家庭，没有足够的收入可以使之有起码的生活水平。"世界银行在以"贫困问题"为主题的《1990年世界发展报告》中，将贫困界定为"缺少达到最低生活水准的能力"。

第二阶段：多元的能力贫困。1998年，印度学者阿玛蒂亚·森（Amartya Sen）提出，贫困的真正含义是贫困人口创造收入能力和机会的贫困，贫困意味着贫困人口缺少获取和享有正常生活的能力。这意味着学者们开始从人类发展的视角定义和测量贫困。世界银行在《2000/2001年世界发展报告：与贫困作斗争》中指出："贫困不仅指物质的匮乏（以适当的收入和消费概念来测算），而且还包括低水平的教育和健康等。"该报告还扩充了贫困的概念："除了物质匮乏，贫困还包括风险和面临风险时的脆弱性，以及不能表达自身的诉求和缺乏影响力。"

第三阶段：包含非经济因素的权利贫困。英国著名学者托尼·阿特金森（Tony Atkinson）研究了社会排斥、失业与贫困之间的关系。社会排斥是个人权利的缺失，个体没有享受到本应该拥有的权利，它强调个体被社会群体的排挤性。它不仅指由于收入低下和缺乏财产而被排斥，更指在政治权利和劳动力市场等方面被排斥。20世纪90年代末，当家庭脆弱性融入社会排斥中，权利贫困概念由此产生。阿特金森认为，如若出现社会排斥的代际传递，必然会造成贫困的代际传递。

我国学者依据中国贫困问题的特点对贫困的概念不断深化和完善。叶普万（2005）将贫困总结为缺乏说、社会排斥说、能力说和权利说，提出贫困是由于制度因素和非制度因素所造成的使个人或家庭不能获得维持正常的物质与精神生活需要的一种生存状态。郭熙保（2005）将贫困归结为收入贫困、能力贫困和权力贫困，是资源缺乏、生活资料和社会活动权利剥夺致使部分社会成员的生活持续地低于社会常规生活水准。在以上贫困的基本概念理论基础上，相关机构和学者提出了一些新的贫困概念，如"人文贫困""知识贫困"（杨海波，2013）。

2.1.2 贫困陷阱

贫困陷阱被定义为一种贫困自我持续机制（Azariadis and Stachurski, 2005）。在没有外部帮助的情况下，陷于贫困陷阱的个体不能自我摆脱贫困（Kovacevic and Pflug, 2011）。作为发展经济学的重要研究领域，大量学者对贫困陷阱进行了理论和实证方面的研究，Kraay and Raddatz（2007）、Barrett and Carter（2013）、Janzen, Carter and Ikegami（2016）等对这些文献进行了详细回顾。

学者通常用多重均衡模型刻画贫困陷阱，即模型中至少存在一个低于贫困标准的均衡（Barrett, Carter and Ikegami, 2013），低于临界值的个体长期都会收敛至该均衡。一些学者认为技术差异导致经济出现多重均衡。基于 Buera（2009）建立的含有两种生产方式的资产积累模型，一些学者假设拥有低水平资本的个体采用低效率生产技术，拥有高水平资本的个体付出额外成本采用高效率生产技术，由此建立多重均衡模型，用以讨论贫困陷阱问题（Carter, Little and Mogues, 2007；Carter and Lybbert, 2012；Barrett, Carter and Ikegami, 2013；Barrett and Carter, 2013）。事实上，生产方式的研究角度也经常不同，Agénor and Aizenman（2010）从更宏观的视野定义了两种生产方式，仅需要劳动力的传统生产方式和既需要劳动力又需要政府投入（以基础设施投资度量）的现代生产方式，并在此基础上建立了包含贫困陷阱的多重均衡模型。Janzen, Carter and Ikegami（2016）则假设经济中有两种生产技术可供选择：一是高固定产出、低变动产出；二是低固定产出、高变动产出，个体根据拥有的资本水平选择总产出较大的生产技术，由此建立一个多重均衡模型。一项关于埃塞俄比亚养殖牧民的研究似乎更加有趣，Santos and Barrett（2011）认为牧群规模是上一期牧群规模的多项式函数,并受天气因素影响,由此建立了一个多重均衡模型。另有一些学者认为分段储蓄行为或者消费行为导致经济出现多重均衡。Kraay and Raddatz(2007)、Ghatak(2015)通过设置分段储蓄行为,即高资本水平个体采用高储蓄率,低资本水平个体采用低储蓄率,建立了刻画贫困陷阱的简单模型。类似地,Kovacevic and Pflug(2011)通过设定分段消费行为,达到了相同效果。

2.1.3 贫困的标准和测量

在定义了贫困后,接下来要考虑的是如何确定贫困标准,即采取什么样的标准将贫困人口与其他人口区分开来。到目前为止,全球广泛使用的测量贫困的标准主要有三类:收入标准、人类发展指数、多维贫困指数。

1. 以收入为标准展开的相关研究

Savard(2004)提供了一种微户建模的方法,基于标准的 CGE 模型,引入了劳动力市场分割模型,为家庭收入的重大变化提供了基础,例如,工人脱离失业状态或成为失业者。Chattopadhyay and Mallick(2007)依赖收入分配,证明了帕累托贫困函数满足了贫困指数的三个标准公理,由于存在贫困函数的拐点,且存在一个方差临界值,贫困经历大幅增加后减少,其将这一拐点作为贫困线。Bilger(2013)介绍了一种衡量贫困和不平等的统一方法,认为收入标准是基本衡量标准的基石,然后用它们来构建不平等和贫困的措施。这种统一的方法提供了解释和对比措施的优势,并说明了度量方法在时间和空间上的差异。穆怀中(2014)以贫困程度划分出收入高低两个梯度,依据收入低梯度下非均等易引发社会秩序风险的理论前提,结合基尼系数和贫困收入指数提出"收入非均等贫困指数"的概念及数理模型。

2. 以人类发展指数为标准展开的相关研究

Fahmid(2013)基于人类发展指数分析苏拉威西岛六个省和印度尼西亚五个主要岛屿的经济增长、收入分配、基尼系数、人均收入、贫困和失业率之间的相互关系。Muttneja（2015）基于联合国开发计划署编制的人类发展指数和人类贫困指数，计算得到了联合国各会员国的发展和贫穷水平，并比较了印度方面的指数，得出了相关结论。Asongu and Nwachukwu（2017）评估了 2011 年 93 个发展中国家移动银行和包容性发展（贫穷和不平等）之间的相关性，研究结果表明，在人类发展指数的某些阈值下，移动银行与包容性发展（贫穷和不平等）有积极的联系。姜安印（2016）根据六盘山集中连片特困地区的 61 个县域的实际情况，对人类发展指数的三个维度指数——预期寿命指数、教育指数、人均 GDP 指数进行了权数重置，以此对六盘山集中连片特困地区各个县域的贫困状况进行评价，并比较六盘山集中连片特困地区各个县域贫困状况的空间分布区域差异。

3. 以多维贫困指数为标准展开的相关研究

Alkire and Santos（2011）针对 104 个发展中国家，提出了一种新的多维贫困指数（MPI），它有一个 Alkire 的数学结构，培养贫困的多维度度量，由与人类发展指数相同的三个维度对应的十个指标组成：教育、健康和生活水平。Jäntti 等（2014）将参考依赖、损失厌恶和降低敏感性等因素纳入社会福利的衡量标准，提出了一种新的等价收入的概念，研究了标准贫困和不平等措施之间的区别，并通过来自俄罗斯和越南的家庭层面的面板数据来说明基于观察到的收入和基于等价收入计算的差异。Angulo, Díaz and Pardo（2016）介绍了哥伦比亚多维贫困指数（CMPI），它是一种综合指标，克服了以往多维指标的方法问题，并具有广泛的公共政策使用范围。CMPI 基于 Alkire 和 Foster 的方法论，其构建的多维贫困指数由五个维度组成（家庭成员的教育、儿童和青年状况、健康、就业、家庭设施和生活条件）。陈烨烽（2016）面向当前国家瞄准贫困村和贫困人口的精准脱贫战略需求，构建了村级多维贫困综合测度模型，并利用加权核密度模型、空间自相关方法等，从不同尺度、不同视角系统测度并分析了研究区贫困村的相对贫困特征。

2.1.4 致贫原因研究

依据不同的贫困理论,学者们开始寻找产生贫困的原因,主要包括四个方面:制度、资本、环境和风险冲击。

一是制度不利论。马克思主义的贫困理论认为,消灭资本主义雇佣劳动制度是彻底解决无产阶级贫困问题的根本途径。Townsend(1993)阐述了制度与贫困的关系,认为贫困的原因在于分配不公和相对剥夺。Baland and Francois(1996)认为经济体的产业结构通过影响利润分配影响新技术的发展,垄断结构导致创新机制恶性循环,这些是造成贫困陷阱的根本原因。Piketty(2014)用翔实数据和生动事例揭露了资本主义贫富差距扩大的总趋势,阐释了制度是造成贫困的原因。从国内研究看,我国户口制度、城乡二元经济结构等都被认为是造成不同时期贫困的成因。董筱丹(2011)指出制度成本与制度收益的不对称关系具有内生性,这是致贫制度的核心特征。曾志红(2013)认为城乡"二元经济"和"二元户籍"制度的分割局面、农村土地产权制度缺陷、农村文化制度缺失、农村教育制度差距、政治权利和法律制度障碍以及农村社会保障制度不健全是导致我国农村贫困的重要社会制度因素。孟庆涛(2015)论述了农民工的权利贫困是一种现实存在,是"身份""权利"与"资源"的不平等分配被制度化的结果。权利贫困是社会的制度安排造成的,只有改善制度供给,才能在根本上改善社会弱势群体的权利贫困。

二是资本缺乏论。大多数发展经济学家从资本角度展开分析,普遍认为资本投入不足是造成贫困的重要原因。比较典型的理论有:1953年,美国哥伦比亚大学教授纳克斯(Ragnar Nurkse)在《不发达国家的资本形成问题》中提出的"贫穷的恶性循环理论";1957年,瑞典学派创始人缪尔达尔(Karl Gunnar Myrdal)提出的"循环积累因果关系"理论;1956年,美国经济学家纳尔逊(R. R. Nelson)在《不发达国家的一种低水平均衡陷阱》中提出的"低水平均衡陷阱"理论,以及美国经济学家莱宾斯坦(Harvey Leibenstein)的"临界最小努力"理论和舒尔茨(Theodore

W. Schultz)的"人力资本理论"等。国内学者认为人力资本缺乏、基础设施的投资不足、家庭资产,特别是土地的拥有情况等资本缺乏导致了农村贫困。王金营(2013)认为家庭户类型、人口特征及耕地土地条件是导致家庭户贫困—富裕程度差异的关键因素。杨龙(2017)从自然、社会、个体三个方面梳理了贫困地区农户的致贫原因和机理,研究发现,贫困地区农户的贫困状况是资源禀赋、地理、生态、基础设施、制度、市场、政府、历史、文化、人力资本、农户权利和社会资本等多方面因素共同作用的结果。

在贫困问题的研究方面,众多学者发现贫困具有代际传递特征,且人力资本的代际转移是导致贫困代际传递的重要原因之一。贫困代际传递是指父辈贫困可能直接导致子代贫困。贫困代际转移受众多因素影响,包括家庭结构、父母受教育水平、父母健康状态、家庭教育投入等。Solon(1992)认为收入在代际之间的传递性与父母对子女人力资本的投入有关。Emerson et al.(2009)发现贫困家庭的孩子可能更早进入劳动市场,并且较早开始工作的个体成年后收入较低,而父母进入劳动力市场的年龄越小,他们的子代越有可能成为童工。Barham et al.(1995)研究发现个人财富与受教育程度有关,非常贫穷的父母可能觉得孩子不值得接受教育,他们和他们的孩子将陷入贫困陷阱。王志章(2016)利用连片特困地区 1816 个农村贫困家庭的微观调查数据研究发现,经济资本、人力资本、社会资本、心理资本是影响农村贫困代际传递的重要因素,其中家庭收入、父辈对子辈教育投入和家庭结构对贫困代际传递的影响最显著。

三是环境约束论。从环境角度,Mkondiwa(2014)通过实证研究论述了马拉维农村地区缺水和贫困的关系,进一步印证了贫困产生的自然环境决定论。Bird(2013)基于印度、津巴布韦、越南等国家的贫困类型研究表明,地理位置偏远、农业生态环境恶劣、基础设施和公共服务供给不足及政治上处于不利的区域越容易陷入空间贫困陷阱。Okwi,Ndeng and Kristjanson(2007)通过对肯尼亚农村贫困发生率与地理条件关系的探寻,发现海拔、坡度、土地利用类型等因素能够显著解释贫困空间格局。李武斌（2016）认为造成居住贫困的原因是外部机制和内部机制共同作用的结果，提出了包括完善保障房建设、改善贫困聚居区环境、综合经济发展、社会文化融合在内的反居住贫困建议及居住贫困的动态监测方案。王瑜（2016）对农户贫困决定分析结果表明，人力资本对家庭脱贫具有重要意义，同时，社区环境对农户脱贫具有重要影响，而自然灾害是增加贫困概率的重要因素。王艳慧（2017）以6个连片特困区的249个县为典型研究区，研究贫困县贫困程度及其致贫原因，发现经济因素对贫困的缓解作用逐渐下降，自然环境、社会发展因素的影响逐渐明显。

　　四是风险冲击。随着对贫困含义的不断扩展，人们逐渐认识到经济的和非经济的外部冲击会加剧贫困。由此将脆弱性纳入贫困分析，而脆弱性的一个重要表现就是风险。Ligon 和 Schechter 将脆弱性分为贫困和风险两个因素，并进一步把风险分为两个次级因素：总体风险和特殊风险。世界上不同国家和地区的居民都面临着自然灾害，脆弱群体在遭受这种风险后很容易导致贫困。Rahut and Ali（2017）探讨了农民采取的气候风险缓解策略及其对巴基斯坦喜马拉雅地区家庭收入、贫困水平和小麦产量的影响。王文略（2015）认为在新时期贫困的形成过程中，应将风险和机会纳入到贫困的内涵中，将贫困概念进行扩展和完善，即贫困应为缺乏应对风险冲击的能力及没有把握获得更好生活的机会，风险冲击与机会缺失是导致贫困的本质因素。薛龙飞（2015）认为风险冲击对贫困的影响是一个复杂的过程，健康风险和市场风险在所有风险因素中处于中心位置，是影响山区农户贫困的关键因素。许庆（2016）认为尽管民间借贷缓解了农民应对疾病风险的资金压力，在一定程度上有利于降低贫困发生率，却会造成农民未来发生贫困的可能性（贫困脆弱性）增加。

2.2 扶贫理论与中国扶贫研究

2.2.1 反贫困理论研究

随着对贫困问题的认识不断深化,反贫困逐渐成为社会科学研究的重要议题。而对于反贫困问题的理论研究,则集中在新古典经济学与发展经济学领域,通过建立理论模型来探讨贫困与反贫困的根源,以及能够促进贫困经济发展的有关因素。

1. 新古典经济学贫困研究

早期经济学家普遍认为经济增长是消除贫困的最有效手段。根据新古典经济学理论,Schultz(1954)从经济增长的人力资本要素出发,认为可以从福利与消费的角度来投资人力资本要素,从而减少贫困程度。Rostow(1959)则从资本要素出发,提出了经济发展阶段理论,认为从传统社会贫困经济到成熟经济之间有一个起飞的阶段,其实现的前提之一是高于10%的净投资增长率。这些研究揭示了通过要素增长来消除贫困的路径。此外,也有学者从经济不平衡发展理论的视角建立了理论模型。Lewis(1954)根据二元经济结构理论,认为传统农业部门贫困与发达的现代部门区别在于劳动的边际生产率更低。Nelson(1956)建立了低水平均衡模型来刻画这一过程。然而,伴随着西方资本主义国家在第二次世界大战后经济迅速恢复并快速增长,许多国家已经摆脱了贫困状态,新古典经济学与内生增长理论对此却不能给出合理的解释。在此框架下,后续学者进一步丰富了低水平均衡模型的假设,如 Galor and Weil(1999)构建了含内生繁育率变量的内生经济增长模型,Kögel and Prskawetz(2000)引入了两部门模型有关变量等,都较好地描述了工业化社会对于马尔萨斯陷阱的摆脱过程。但这些模型都限定在传统经济学的框架下,虽然刻画了西方发达国家摆脱贫困陷阱的路径，但却没能解释发展中国家的资源分配不均与贫困问题。

2. 发展经济学贫困研究

随着第三世界国家的不断建立，基于新古典增长理论的发展经济学已不再适用，因此针对发展中国家与落后国家的发展经济学理论研究得到发展。一方面许多实证研究对于摆脱贫困的因素作出了检验；另一方面学者们试图使用贫困陷阱理论来寻找摆脱贫困的方法。贫困陷阱理论的核心是多重均衡模型，Murphy, Shleifer and Vishny（1989）认为，固定成本的存在导致贫困国家投资不足，进而陷入贫困陷阱，并且只有在投资具有外部性和负净现值时才会出现多重均衡。Matsuyama（2004）假定要素边际报酬是递减的，因此，贫穷国家会收敛到一个稳态，并且由于信贷市场的不完善和缺少抵押品而不能充足吸引投资，从而陷入贫困陷阱。Agénor（2009）使用含公共资金的三期OLG模型对经济增长路径进行了研究，认为公共资金在健康和基础设施上的投入可能会使经济体摆脱贫困陷阱，达到高增长的稳态水平。Guriev and Vakulenko（2015）建立了固定效应面板模型，描述俄罗斯收入和移民因素的非单调关系。他们认为随着收入增加，移民趋势存在着富裕地区减少而贫困地区增加的地理贫困陷阱，并且经济增长正使俄罗斯逐渐摆脱贫困陷阱。Laajaj（2017）建立了个体长视野与未来消费水平的理论模型，认为个体短视与贫困互为因果，而提高经济预期能够在两年之内提升个人资产积累水平。

3. 国内反贫困理论研究

国内对于贫困陷阱的研究也在近几年取得了一些理论突破。王弟海（2012）在扩展的Ramsey模型中研究了健康对于经济增长和摆脱贫困的影响。他认为健康人力资本会导致多重均衡，并且在技术进步的前提下，健康人力资本会扩大经济增长率。祁毓和卢洪友（2015）将环境质量的恶化纳入贫困陷阱中，结合预期寿命与环境互相决定的OLG模型与异质财富的OLG模型，认为如果没有环境政策的干预，环境污染将是造成贫困陷阱的重要原因。郑长德（2017）根据 Solow 增长模型探讨了贫困陷阱的机制，并根据我国连片特困地区的现状分析了政策因素如何能够作用于空间贫困陷阱、第二性贫困陷阱等。这些研究深入分析了我国现实因素如何影响贫困陷阱，从而产生扶贫效果。

2.2.2 反贫困实证研究

1. 区域经济发展调查与扶贫分析

学者们对于反贫困的实证研究也在对区域经济发展情况的调查与实证研究中逐渐拓宽视角。Hirschman（1958）阐述了发达国家的不平衡经济增长模式，认为投资应该聚集在主导产业，以此促进其他部门产业的投资与发展。Chenery（1975）对 1950—1970 年一百多个发展中国家的经济发展变化进行了观察，并列出十项指标来建立这些国家的经济结构变动过程，认为资源与人口的分配在贫困地区的发展中起重要作用。Dawe（2008）通过对亚洲农民收入情况的调查，得出改善亚洲地区农民水稻种植的收入对全球减贫至关重要，并亟须对提高生产率的技术进行投资。Asheley，Roe and Goodwin（2016）对亚洲、拉美以及南非的 6 个地区进行了研究总结，以贫困人口为研究对象，结合旅游理论和贫困理论研究贫困社区、贫困人口的特点，认为提高旅游对贫困人口的发展机会有积极影响。这些研究对贫困指标变化的原因进行了深入分析，结合区域经济发展现状提出了切实有效的扶贫方式。

由于我国国情复杂，扶贫需要结合不同区域的实际状况，因地制宜地加以实施，因此，有学者采取调查分析的方式对我国区域经济发展状况进行了实证分析。余茂辉（2004）基于安徽省社区基金项目的调查，认为当地的社区基金模式属于开发式扶贫，为可持续发展打下了良好基础。刘溢海（2007）对河南省信阳等地展开了实地调查，认为许多实际问题得到了解决，但仍存在农民主体地位不足、整村推进与农民个体脱贫失调等问题，应该对此加以完善。肖立新（2012）使用民族贫困地区 4 个县的调查问卷数据，认为该地区的"村级主导型"模式具有较强实用性，建议对现有两种扶贫模式运行边界适当进行划分。葛志军和邢成举（2015）根据银川兰县调查结果，指出当地在实施精准扶贫工作中存在一些难题，必须把握好统与分、严谨性与灵活性的关系。刘伟等（2017）基于陕西贫困山区的农户生计调查，认为为了更加精准地瞄准扶贫目标，当地可以引入一些低成本易操作的认定措施，同时结合政府部门的有效监督与控制。这些分析指出了我国不同区域扶贫重难点所在，为分析我国扶贫理论与政策的实施打下了基础。

2. 摆脱贫困陷阱的实证检验

也有学者在建立贫困陷阱模型后，运用地区数据资料对发展中国家摆脱贫困陷阱作出了实证研究（如 Guriev and Vakulenko, 2015；Laajaj, 2017）。而基于我国发展现状，国内学者对贫困陷阱同样进行了实证检验。邓新华和袁伦渠（2007）使用我国 29 个省市城镇居民收入数据，采用面板回归的方式验证了我国有 7 个省市的居民收入存在非凸性，并认为应当提高最低保障制度以帮助贫困家庭摆脱贫困陷阱。崔俊富等（2009）研究了中国 1978—2007 年的人力与物质资本积累状况，得出人力资本的相对匮乏会引发中国陷入贫困陷阱，并认为教育和医疗卫生投资可以改善这种状况。解垩（2014）使用 2008—2012 年中国健康与养老追踪调查（CHARLS）数据来拟合农村家庭的资产积累路径，发现中国农村家庭并不存在贫困陷阱，而金融市场对减缓资本积累下降具有显著作用。袁航等（2017）使用中国健康与营养调查（CHFS）数据验证了地理禀赋因素对农户消费增长率的影响，得出地理禀赋较差的农户会落入贫困陷阱，并为易地扶贫搬迁工作提供了因地制宜、因人而异等政策。

2.2.3 反贫困代际传递研究

有学者认为，人力资本的代际转移是导致贫困代际传递的重要原因之一，而通过对子代人力资本的投入，能够阻止贫困在代际间进行传递。Heckman et al.（2016）发现子代长大后的人力资本水平取决于父辈早期对子代的投入。Fagereng et al.（2021）发现富裕的家庭会在子代的人力资本水平上投入更多，从而使子代成年后有更好的收入。Tilak（2002）认为教育是摆脱贫困的重要手段，教育导致人力资本的形成进而提升收入水平。Harper et al.（2003）研究发现增加中小学时期的教育投入是摆脱贫困的重要手段。Chi et al.（2007）指出家庭在儿童教育上的支出是人力资本投资的重要组成部分，人力资本水平的提升有助于在劳动力市场上获得更高的收入。蔡昉（2020）认为增加教育投入会提升个体的人力资本水平。姜恒等（2023）基于家庭视角构建了人力资本积累模型，发现家庭增加教育投入有利于促进子代人力资本的形成。

2.2.4 扶贫政策评估

1. 国外三种扶贫模式的探讨

在扶贫政策实施过程中，也有许多文献对政策实施效果进行了评估与总结。根据世界范围内不同扶贫模式的划分，目前国际上主要有三种扶贫方案。

一是社会福利模式，主要在英美等发达国家实施。其特征是通过立法的形式确定扶贫法案，通过提供基本公共服务来援助贫困群体，从而使扶贫有稳定的资金来源。Wheaton（2011）使用一系列贫困度量指标，检验了联邦安全网（FSN）在佐治亚州、伊利诺伊州和马萨诸塞州的扶贫效果，结论显示联邦与各州内部的安全网从根本上能够缓解贫困，尤其是针对儿童群体。国内学者王志章（2015）梳理了英美两国扶贫开发模式，认为二者从完善的社会救助保障制度、与NGO加强合作等方面有力地改善了贫困现状，为我国扶贫提供了宝贵的经验。

二是发展模式，以巴西等发展中国家为实施主体。其核心是政府制定一系列以实现整个经济社会、资源和环境协调发展为目标的扶贫措施，借助世界银行等外部合作来实施社会救助项目，重点解决农村的贫困问题。Finan，Sadoulet和Janvry（2002）使用墨西哥教育健康项目（MPEHN）的调查数据，测算了墨西哥农村地区土地的扶贫潜能，得出对于土地匮乏的农民，增加1公顷的土地面积能够提高农民收入效用的1.3倍。Shirazi和

Khan（2009）使用2001—2003年巴基斯坦扶贫项目（PPAF）借贷者的调查数据，通过事实分析方法来量化PPAF对于借贷者贫困状况的影响，得出扶贫项目实施后贫困人数总体减少了3.07%。

三是满足最低需求模式，以印度和斯里兰卡等国家为代表。在政府的大力支持下，完善社会保障体系，保障贫困人口最低生活需要；探索发展银行向农民提供低息贷款并指导农民进行发展农业活动等。Esteves等（2013）通过使用多种指标测度，对甘地国家农村就业保障法案（MGN-REGA）实施前后的社会经济与自然环境变化进行了比对，得出这一法案的实施对扶贫减困以及自然资源的修复都具有显著的影响，同时提升了农业生产应对气候变化风险的能力。

2. 国内扶贫治理绩效管理

国内对于扶贫治理模式的探讨，则集中在绩效管理，从实施主体到作用机制都有较为丰富的论述。国内的扶贫模式从1949年以来经历了几个阶段的转变，从救济式扶贫到开发式扶贫，再到参与式扶贫，形成了"政府主导、全社会参与"的中国特色。汪三贵（2011）认为政府主导扶贫具有许多优势，例如，可以动员大规模的社会资源、在全国范围内组织扶贫计划、对计划的实施及时监测与调整等，这些只有借助政府部门的管理才能实现。而这种政府主导下的扶贫机制虽然具有难以取代的作用和优势，也造成了体制性难题。楚永生（2008）和赵曦等（2009）指出，虽然政府主导下的扶贫治理机制具有诸多优势，但是其过度行政化也导致扶贫机制在实际运行中存在诸多的问题，如没有形成动态的瞄准识别机制，农村贫困人口参与机制极不完善，贫困群体主体性缺失等。

另外，对于扶贫机制的研究，康晓光（1995）、汪三贵（1997）、李含琳等（1998）分析了扶贫资金运用效率低的根源，认为分散管理、资金挪用、缺乏监督等扶贫项目和资金管理环节存在的问题影响着我国的扶贫效果，并提出应该在扶贫资金的管理体制和机制方面进行完善。李小云等（2005）指出扶贫资金瞄准偏离的现状，通过对中央财政扶贫资金在重点县、贫困村和贫困群体等层面的瞄准情况分析，发现扶贫资金没有瞄准目标群体、扶贫项目与目标群体需求发生偏离等问题。李小云（2007）认为除扶贫资金的管理环节之外，扶贫资金的投入和管理部门缺乏协调、扶贫资金拨付延迟等制度缺陷也是造成扶贫资金瞄准偏离的重要原因。叶初升等（2012）运用数据包络分析方法，指出我国扶贫瞄准存在严重的漏瞄和溢出现象，他们认为缺乏精准而有效的瞄准机制造成了我国扶贫瞄准效率低下的问题。这些研究将扶贫绩效不足的原因主要归于扶贫资金管理机制的缺陷，同时也注意到了制度环境对扶贫瞄准的影响。

3. 精准扶贫的提出与研究

经过几十年的扶贫攻坚，我国目前留下的是纷繁复杂、难以用传统扶贫机制来解决的贫困问题。由于传统扶贫机制的缺陷，造成了扶贫目标偏离、精英捕获现象大量存在，故亟须一种能够定向瞄准、个体施策的扶贫新模式。自2013年11月习近平总书记在湖南湘西考察时首次正式提出精准扶贫方略以来，我国各地区都对该政策积极响应并着手实施，在探索与实践的过程中，也有许多研究从理论上对这一模式进行了深入探讨。

一是精准扶贫具体内涵研究。目前大部分学者认为精准扶贫主要包括精确识别、精确帮扶、精确管理三个方面。也有学者认为应该增加精准考核。汪三贵和郭子豪（2015）认为，精准扶贫的内涵就是扶贫政策要针对真正的贫困家庭，通过对有针对性的帮扶贫困人口，从根本上除去导致贫困的原因，达到可持续脱贫的目标。杨朝中等（2015）认为要从扶贫活动的客体对象、资源配置、绩效产出和制度机制四个基本要素来理解其含义。庄天慧等（2015）提出政府、市场、社会、社区和农户"五位一体"的贫困治理模式，提出要结合利益联结和社会动员与激励，从六个方面来探讨精准扶贫的作用机制。许佳等（2015）认为精准扶贫可以分为四个精准：扶贫职责精准界定、扶贫对象精准界定、扶贫规程精准设置、扶贫政策精准实施。王宇等（2016）从精准扶贫的理论导向出发，基于精细社会理论的视角，认为应当通过细化制度设计、探索乡土逻辑等方式实现整个扶贫治理体系的精准化。

二是精准扶贫目前的形势与面临的主要问题。邓维杰（2014）认为目前精准扶贫实施效果并不令人满意，主要原因在于贫困户排斥现象，包括在对贫困人口的规模限定导致的规模排斥、精准识别中对贫困群体的恶意或过失排斥等。刘解龙（2015）从经济新常态的背景出发，从宏观中观微观三个层次分析精准扶贫在新环境中所面临的机遇，认为精准扶贫是一项需要与时俱进的工作。孙璐（2015）认为目前的扶贫开发工作缺乏科学的瞄准机制，存在贫困人口底数不清楚等问题，并已经严重阻碍了扶贫资源的精准使用和减贫效果。左停等（2015）认为精准扶贫的问题源于自身、文化与社会的许多挑战，如规模控制所引起的规模排斥，乡村内部平均主义思想对扶贫资源实际分配的影响，农村劳动力转移与市场化背景下扶贫开发有效手段不足的困境，同村庄的贫困户实际识别标准差异的问题等，这些挑战值得政策制定者以及研究者与实践者重视。

三是精准扶贫路径选择。实施精准扶贫是新时期扶贫工作的一项重要课题，钟罗发和应骥（2016）指出，可以结合国家"苏区振兴与扶贫攻坚"工作，积极推动辖区内的"政府＋银行＋保险＋电子商务"四位一体的金融帮扶服务机制。胡巍（2017）提出，农业经济发展是精准扶贫最为关键的手段，通过"保险＋普惠金融"创新模式，建立有效的风险化解和风险成本机制，实现扶贫农业产业的资金等全要素优化，促成产业链利益在龙头企业和贫困人口间形成合理重构，以及农业产业扶贫效率和可持续性提高。缑建芳等（2017）对顶层设计下的精准扶贫策略进行了总结，认为目前应当从完善精准扶贫政策体系、建立科学的精准扶贫工作流程等方面入手，以实现精准识别、精准帮扶、动态管理与精准考核四个环节的高效运作。

通过上述文献梳理可以看出，精准扶贫机制需要从理论层次上进行全方位的分析。现有的文献大都以实际部门的实践与经验总结为主，对精准扶贫的途径、扶贫对策等问题的研究较少，有待进一步深化。例如，贫困居民的标准是什么、如何提供有针对性的帮扶。对于扶贫效应研究同样比较缺乏，对制度设计、政策运行、运作方式、行为基础等深层次的研究关注度较低。此外，对于精准扶贫的可持续性措施、精准扶贫的配套政策等问题的研究也尚未成熟。

另外，还有精准扶贫创新不足的问题。精准扶贫目前现状是大都停留在项目阶段，集中在单个扶贫项目所带来的扶贫效应以及单个扶贫建设项目的制度保障方面。如何进一步研究精准扶贫常态化、精准扶贫长期化、常态化的减贫效应，还需要理论以及方法上的创新。而且没有关注脱贫后的可持续发展，防止"返贫现象"发生。

2.3 保险扶贫理论与中国保险扶贫研究

2.3.1 保险促进经济发展的理论研究

从 20 世纪 60 年代起，很多学者开始关注保险对经济的促进作用（Outreville，2013）。鉴于保险部门在经济中的功能，很多学者从宏观角度将其视为与技术、劳动力、资本等相同的一种生产要素，藉此研究保险与经济增长之间的关系，如 Outreville（1990，1996）、Ward and Zurbruegg（2000）、Webb et al.（2002）等。Outreville（1990，1996）是研究保险与经济之间关系的先驱，根据发展中国家的数据，其检验了 GDP 对保险需求的影响。Ward and Zurbruegg（2000）基于保险的经济作用分析，对真实 GDP 与真实保费收入之间的关系进行了协整分析和因果检验，考察了经济增长与保险增长之间的短期和长期动态关系。Webb et al.（2002）检验了银行和保险在经济增长中的作用。其假设（由银行、财产保险和人寿保险组成的）加权金融活动的指数形式是生产函数的投入要素之一，由此修改了 Solow - Swan 模型。根据修改后的 Solow - Swan 模型，对 GDP 与资本存量、信贷规模、财产保险保费、人身保险保费以及其他变量的关系进行了经验检验。类似地，Arena（2008）运用动态模型的广义矩估计（GMM）方法，利用发达国家数据和发展中国家数据检验了保险对经济的促进作用。Haiss and Sumegi（2008）假设保险能够影响技术进步，将保险因素引入 Cobb-Douglas 生产函数中，由此建立了一个内生经济增长模型。利用该模型将保险公司分别作为一个风险接受者（通过保费收入衡量）和一个机构投资者（以总投资量衡量）讨论 GDP 与保险之间的关系。基于以上对保险的理解，有一些文章采用不同计量方法从不同的角度对此问题进行了进一步讨论，如 Han et al.（2010）、Lee（2011）、Chen et al.（2011）、Lee et al.（2012）等。Poposki（2009）使用固定效应面板模型，在控制其他影响经济增长内生变量的情况下，得出保险部门对经济增长具有促进作用，且对于生命保险和财产保险均成立。Arena（2010）建立了含保险与 GDP 的动态面板数据模型，发现保险对于经济增长具有稳健的促进作用。寿险对于高收入国家具有促进作用，而非寿险对于高收入国家和发展中国家均具有促进作用。Lee，Lee and Chiou（2017）使用最新的非参数分析框架来研究保险市场的发展与经济增长的非线性关联，结果发现保险部门对经济增长的偏效应为负，保险与全球化联合起来对经济增长有显著的正向作用。

上述文献对探索保险与经济的关系具有巨大贡献，但是保险对经济的促进作用仍未被完全解释。在这些文献中，保险的风险转移与补偿功能、金融中介功能等均在定性分析中被提及，但是理论模型仅仅从宏观上将保险作为一个生产要素或者一个生产部门，保险的特殊性没有得到体现。本书认为，在保险与经济增长关系的研究过程中引入风险并体现保险的风险转移及补偿功能有利于得到更有意义的结论。一些学者已经运用该思路尝试研究保险与经济增长的关系，如 Soo（1996）、Carmichael and Dissou（2000）、Tong（2008）等。本书将这些先引入风险变量再引入保险以管理风险的经济模型称为"风险—保险经济增长模型"。

具体而言，Soo（1996）研究了人寿保险与经济增长的关系，他假设寿命不确定的个体生活在一个借贷经济中，其所有借款需购买人寿保险予以保证归还。根据该假设，寿险在经济中的作用是松弛了个体的借贷约束条件，据此建立了一个经济增长模型研究寿险与经济增长之间的关系。

Carmichael and Dissou（2000）研究了健康保险对经济增长的作用。他们假设家庭的主要收入者面临健康风险，个体的投资、流动性持有等储蓄行为随健康风险的变化而变化。他们认为健康保险能够增加个体的非流动性储蓄，由此提高经济的资本投入水平，促进经济长期发展。Tong（2008）研究了人寿保险、财产保险与经济增长的关系。他认为人寿保险与养老金的作用是将短期储蓄转变为长期储蓄，由此促进经济增长。对于财产保险，Tong假设生产过程可以采用两种风险技术，即无风险的和有风险的，他认为针对产出水平的收入保险使决策者选择有风险技术，由此促进经济增长。Chen and Yanagihara（2013）引入终身不确定教育决策因素，建立了两期OLG模型，模型显示在时间偏好程度较高或人力资本积累程度较低时，有生命保险的情形下经济增长率会更高，并且依赖于发生疾病的概率。Xu and Liao（2014）通过经济增长模型研究了农作物保险对农业产出的影响。在保险机制引入风险模型的情况下，农作物保险促进农业经济增长以及优质补贴不断提高农业产出。

2.3.2 国外保险扶贫研究

国外学者在研究保险对扶贫的影响时，主要从保险是否能使得家庭采用新技术方面来刻画保险的作用。Coate and Ravallion（1993）提出，与天气有关的风险，如干旱、洪水、冰冻和暴风，对发展中国家的数十亿穷人，特别是那些依靠农业为生的穷人来说，是普遍存在的风险。由于农村地区缺乏正规的保险，当风险发生时，会给农村穷人生活带来更加严重的不利影响。保险可以为这些以农业为主的贫困家庭提供转移风险的堡垒。Zimmerman and Carter（2003）认为，当发展中国家的贫困家庭利用正规的保险以保护他们的收入和投资时，其平均收入高于没有保险的情况。Dercon and Christiaensen（2011）的研究证实，无正规保险来管理风险是低收入家庭技术吸收不足和生产效率低下的原因。Miranda and Gonzalez-Vega（2011）认为如果家庭没有购买保险，灾难性风险会破坏家庭对生产性农业活动的投资，阻碍采用新的、更具生产力的技术，并普遍阻碍发展中国家农村穷人为摆脱贫困的积极性。Karlan et al.（2014）通过对加纳农民的调查发现，相对于高风险所面临的资本约束，无保险风险是低技术采用的一个相对重要的决定因素，保险可以促进农民向高技术改进。国外学者研究保险扶贫时，主要涉及以下内容：

1. 资产损失保险对消除贫困的研究

国外学者大都运用数据模型的方法来研究资产损失保险对贫困的作用。Kovacevic and Pflug（2011）在多重均衡模型中运用破产理论，把确定性增长与随机损失模型相结合，分析了资产损失保险对拥有不同资产群体产生的作用。其得出保险能够使生活水平略高于贫困线的那部分群体降低陷入贫困的可能性，但是在贫困线以下的群体，保险反而会成为他们的负担。Barrett，Carter and Ikegami（2013）认为保障巨灾损失的社会安全网通过减轻风险的事前影响和增加生产再投入使穷人摆脱贫困，并认为以关键资产阈值为目标的社会安全网的扶贫效果更好。Janzen，Carter 和 Ikegami（2016）认为资产损失保险通过发挥事后脆弱性减少效应和事前投资激励效应来减少人们陷入长期贫困，虽然保险发挥扶贫的效果很缓慢，但是保费补贴对于加快保险扶贫进程有很大的帮助。Janzen，Carter and Ikegami（2017）使用数值动态随机规划的方法证明了资产保险市场可以减少长期贫困以及深度贫困的农村地区的数量，并大幅节省了公共资金转移支出。

2. 指数保险对消除贫困的研究

Barnett，Barrett and Skees（2008）以肯尼亚北部干旱和半干旱的土地上300多万户主要依靠畜牧业的家庭为例，得出以指数为基础的保险产品为应对弱势家庭面临的气候相关风险提供了巨大的帮助。Janzen，Carter and Ikegami（2012）使用动态规划方法来评估保险是否会改善弱势家庭的风险管理策略，运用模型对位于肯尼亚北部马萨比特区的基于指数的牲畜保险（IBLI）的价值进行预测。研究结果表明，由保险带来的行为变化会降低弱势家庭的贫困水平。Cole，Stein and Tobacman（2014）通过对一种新型金融产品——降雨量指数保险的试验得出，农村居民的支出经历对保险需求产生了影响，这些居民由于受到天气的影响，会购买天气保险来抵御家庭支出风险。指数保险会减少这些家庭由于天气影响遭受的灾害。Chantarat et al.（2009，2017）运用大量的家庭层面的截面数据，建立了一个参数化的多重均衡动态模型，分析了肯尼亚牲畜指数保险（IBLI）的风险管理效果，得出家庭初始的群体规模是影响 IBLI 风险管理效果的重要因素。IBLI 不能帮助最贫困的穷人摆脱贫困，但能给在贫困线附近的弱势群体承担一些风险冲击，以防人们跌入贫困陷阱。

3. 健康保险对消除贫困的研究

国外学者在健康保险对消除贫困的研究方面，都是以某个国家或者地区为例来研究健康保险对家庭支出以及健康状况的影响。Aryeetey and Westeneng（2016）分析了医疗保险对家庭自费支出（OOPE）、灾难性支出（CE）和贫困的影响。2009 年和 2011 年，他们在加纳两个地区进行了两次家庭调查，采用了 Probit 模型和工具变量分析了健康保险对 OOPE、CE 和贫困的影响。他们发现健康保险降低了家庭自费支出和灾难性支出，大大减少了由于健康原因对家庭造成的贫困。Hamid，Roberts and Mosley（2011）分析了小额医疗保险对孟加拉国农村贫困人口的影响。研究结果表明，小型健康保险与家庭收入、家庭收入的稳定、非土地资产的所有权，以及处于贫困线以上的可能性这些指标都有积极的关联，小型健康保险能增加家庭的固定收入，减少家庭贫困。Sood et al.（2014）以印度为例，得出为贫困家庭提供有效但昂贵的健康保险并且充分利用卫生服务能极大地改善印度人口的健康状况。Philip，Kannan and Sarma（2015）以印度为例，运用多元回归的广义估计方程，并且运用曼恩—惠特尼的统计方法，得出投保健康保险的家庭，其住院所支付的自付费用远远低于未投保的家庭。

4. 小额保险对消除贫困的研究

小额保险被认为是解决低收入人群风险和脆弱性的"一次革命性创

新"。在过去的研究中,类似于小额信贷的小额保险已经成为消除贫困和刺激增长的重要工具,至今有不少的学者对小额保险展开了研究,Apostolakis, Dijk and Drakos(2015)以及 Platteau, De Bock and Gelade(2017)等对这些文献进行了详细回顾。在研究小额保险之初,部分学者对小额保险的定义、范围和目标进行了探讨。Churchill(2007)以及 Cohen and Sebstad(2010)认为小额保险是通过履行小额定期支付义务,将未来结果不确定性替换成一种确定性保障的工具,并不是弱化的传统保险,而是为了保护低收入人群免受特定风险量身定制的正式保险。Kovacevic(2011)认为相比于小额贷款和预防性储蓄,小额保险在极端冲击的情况下,能够提供更大的风险承保和补偿。考虑到贫困个体表现出相对较高的风险厌恶程度,预计小额保险产品的需求会很高,一些学者对小额保险市场需求展开了研究。Mukherjee et al.(2013)认为小额保险市场需求优于传统保险,但仍然存在低认购率和低续保率并存的问题。Platteau and Ontiveros(2013)分析了影响小额保险市场需求的主要因素。小额保险是否能通过多种渠道和机制促进经济增长?虽然现在得出具体结论还为时过早,但是对其有效性和可持续性有了一些初步结论。Lamond and Penning-Rowsell(2014)认为小额保险提供了适应性替代方案,如指数保险,可以降低对天气风险的脆弱性,从而促进发展。Sandmark(2013)构建了一个涵盖社会和财务指标的社会绩效评价体系,以更好地捕捉小额保险的社会影响。此外,也有研究认为不应该将小额保险视为减少贫困的唯一良方,它只是应对严重风险冲击的补充工具。因此,有部分学者开始研究小额保险与信贷、预防性储蓄、非正式风险分担协议以及自我保险策略的关系。Casaburi and Willis(2013)以及 Cole et al.(2018)研究发现,信贷对较贫穷的个人有较大的影响,它能够增加小额保险的认购率;Farrin and Miranda(2015)认为相互关联的信贷和保险合同更具有价值,能促进新技术采用和经济增长。Fulford(2013)研究了小额保险对预防性储蓄的替代作用。研究结果表明,引入小额保险能够减少储蓄成本,增加生产性投资。Mobarak and Rosenzweig（2013）以及 Janssens and Kramer（2016）研究表明，非正式的风险分担协议和小额保险可以相互加强，而不是竞争。Carter et al.（2011）认为平均生产率的降低使得自我保险策略成本高昂，而未能消除基准风险的存在，因此，它能否替代小额保险的关键在于是否能更有效地处理风险。

2.3.3 国内保险扶贫研究

国内学者主要从宏观角度来描述保险对贫困的重要性。潘国臣等（2016）研究了脱贫过程中的风险管理，并且阐述了保险在扶贫过程中的风险管理作用。研究结果表明，保险可以应对脱贫过程中的各种风险，起到风险管理作用。国内学者研究保险扶贫时，主要涉及以下内容：

1. 社保体系（养老、医疗保险）的扶贫研究

学者们普遍认为国内社保中的养老和医疗保险会有助于一些因病致贫、因老致贫的人摆脱贫困。一些学者运用建立模型数据的方法来说明养老、医疗保险有助于贫困阶层摆脱贫困。刘紫云（2006）认为商业保险具有利益再分配功能，其保障性原理所带来的利益再分配功能恰好能够有效弥补社会保障普惠制度分配的缺陷，优化资金的配置作用，集中有限资金重点帮助遭遇不幸的贫困阶层脱贫解困。它实质上是在不改变现行社会分配制度条件下改善人与人的利益分配关系，缩小贫富差异，促使基尼系数回归到合理范围之内，促进社会和谐发展。张忠朝和袁涛（2016）提出医疗保障扶贫以"三重医疗保障"为基础，辅之疾病应急救助、意外保险、商业健康保险、护理保险和慈善救助等，共同组成医疗保障扶贫体系，以消除城乡贫困人口因病致贫、因病返贫的问题，从而提升医疗保障的公平性和可及性。我国医疗保障扶贫效果显著，实践中已经探索出不少成功经验。

另有一些学者运用实证的方法展开研究。刘一伟（2017）基于2011年中国老年健康影响因素跟踪调查（CLHLS）大样本微观数据，构建Logit计量回归模型，将农村老人贫困分为经济贫困、健康贫困与精神贫困三个维度，从实证的角度，探讨了社会保险与农村老人贫困的关系。研究发现，养老保险与医疗保险在不同程度上缓解了农村老人多个维度的贫困。薄绍华（2017）认为医疗保障制度在防止群众因病致贫返贫中具有重要作用，应进一步考虑贫困人口的现实状况，进行一些特殊的制度安排，确保在扶贫工作中充分发挥托底功能。

2. 农业保险扶贫研究

农业保险是社会保障的重要内容之一，农业保险在社会稳定和社会发展中具有非常重要的作用。有一部分学者运用定性的方法研究农业保险对扶贫的绩效。郭佩霞（2011）以四川省凉山彝族自治州为例，认为民族地区贫困日益转向自然灾害威胁下的家庭生计脆弱，需要基于反贫困需要的农业保险政来支持。叶明华（2015）通过在江苏省对农业种植户的问卷调查得出，农业保险可以和家庭的生产目标对应起来，提高家庭的农业产量。另有一部分学者采用定量分析、模型分析的方法展开研究。王韧等（2016）运用AHP方法得出湖南省农业保险补贴扶贫效率尚可，有助于湖南农业经济的发展。许荣等（2016）基于2011年和2012年的省际面板数据，进一步引入工具变量进行内生性讨论，得出农业保险可以运用保险公司的专业能力，对农户遭受的生产损失进行合理补偿，从而扶植农民恢复生产，最大限度减少因灾致贫返贫现象。林智勇（2017）从实际出发，分析了中国人保财险与阜平合作的"政融保"项目。该项目以阜平当地的农业特色为产业支撑，开发特色农业产业收入保险，在扶贫过程中，中国人保财险利用农业收入保险的增信功能为其他金融主体提供风险保障，拓宽融资渠道，助推金融在农业保险方面的扶贫。张伟等（2017）研究发现，农业保险扶贫还具有明显的乘数效应和福利溢出效应，不仅能够放大扶贫资金的政策效果，还能够激励贫困农民积极从事农业生产，提高农业经营收入。王韧和王弘轩（2017）以湖南省的14个市为例，利用决策树分类的ID3算法，对扶贫过程中的农业保险保费补贴范围进行决策分析，得到了农业保险支持精准扶贫的有力证据。邵全权等（2017）分析了农业保险投资和农业保险补贴对农民终生效用的影响，研究结果表明，农民消费和人类发展指数（HDI）的发展超过一定的门槛值以后，农业保险的"反贫困"效应才能发挥功效。

3. 精准扶贫视角下的保险扶贫研究

改革开放以来，我国扶贫工作成绩显著，但我国保险业面临创新的保险扶贫方式，"扎实推进精准扶贫、精准脱贫"有待进一步探索。我国关于精准扶贫的研究大都是实证研究。汪三贵和郭子豪（2015）从精准扶贫的基本内涵和主要因素两个方面对其下定义。他们认为，精准扶贫的内涵就是扶贫政策和措施要针对真正的贫困家庭，通过对贫困人口有针对性的帮扶，从根本上消除导致贫困的原因，达到可持续脱贫的目标。精准扶贫的主要因素包括贫困户的精准识别、精准帮扶、扶贫对象的动态管理以及扶贫效果的精准考核。温庆锋（2017）认为为了切实发挥保险的作用，助力贫困地区脱贫攻坚，应该精准对接农险扶贫、健康扶贫、产业扶贫，构筑贫困地区精准扶贫风险保障网络。戴鹏毅（2017）运用社会保障适度水平模型，对农村养老保险潜力进行评估，得出当前农村养老保险存在巨大的发展空间，是提高精准扶贫绩效的一大潜力。应发挥农村养老保险在精准扶贫中的作用，并且在精准扶贫的契机下，完善农村养老保险体系。

2.4　信贷扶贫理论与中国信贷扶贫研究

2.4.1　国外信贷扶贫研究

国外学者大都运用实证研究的方法来说明信贷对扶贫的影响。Hossain（1988）通过调查孟加拉国 7 个村庄贫困人口在 Grameen 银行贷款的数据，得出信贷对贫困家庭的生产以及家庭摆脱贫困起到了积极的作用。Burgess et al.（2005）运用印度农业信贷协会的数据，实证分析了穷人直接参与信贷活动对农村贫困的影响。研究结果显示,信贷部门在农村的数量每增加 1%,农村的贫困率就会下降 0.34%。Nelson et al.(2010)运用在阿夸伊博姆州当地收集到的定性数据考察小额贷款对农村贫困的影响,调查显示小额信贷计划在增加收入、改善家庭生活条件和减少贫穷方面有巨大的潜力。Lmai et al.(2011)利用孟加拉国 1997—2005 年全国代表性的家庭小组数据,通过对面板数据的处理发现,家庭从小额供资机构获得用于生产目的的贷款机会大大增加了家庭的人均收入。Kodan et al.(2012)对跨国数据进行分析,得出普惠金融指数每增加 1%,家庭经济增长指数就会提高 0.142%,而且普惠金融使用率与贫困率是负相关的。他们建议政府应当力争把提高普惠金融水平与消除区域不平衡相结合,进而实现包容性增长。Jagannath et al.(2013)认为小额信贷活动对印度的贫困人口有积极作用。Bonazzi et al.(2014)认为农村合作金融机构在美国农村金融中有着重要地位,信贷不仅解决了农业发展分散的问题,还提升了农产品的质量。Kumari and Singhe(2014)通过对马特莱区域经济发展项目的研究,认为小额信贷有利于扶贫工作,小额信贷创造了一个更为健康的宏观经济环境。Khan et al.(2015)评估了小额信贷在巴基斯坦扶贫的情况,调查了 2070 名受访者,结果显示小额信贷对该国各个贫困阶层的贫困人群都有不同程度的帮扶。Miled and Jaleleddine(2016)认为小额信贷与贫困差距(衡量贫困的深度)和平方贫困差距(衡量贫困的严重程度)呈负相关,这意味着小额金融机构不仅有利于穷人,而且有利于最贫穷者。

2.4.2 国内信贷扶贫研究

近年来,我国信贷扶贫使得信贷资金更加流向低收入群体,通过满足深度贫困地区的资金借贷需求,使其具有自我发展能力,从而真正实现"造血式"扶贫。谢庆健等(1995)对浙江省 5 个贫困县进行调查得出,国家实行的信贷扶贫工作在贫困地区取得了巨大成就,极大地提高了贫困家庭的生活水平。李锐等(2004)研究了农户借贷对其收入和福利的影响，发现农户通过借款对其收入和福利有明显的促进作用。褚保金等（2008）运用1999年以来江苏省农村信用社发放小额扶贫贷款数据进行研究，结果显示小额扶贫信贷不但可以提高农村中低收入家庭的纯收入，而且信用社通过发放小额信贷也可以获利。黄承伟等（2009）认为微型金融，比如，小额信贷已经由解决贫困人口温饱转变为增加贫困家庭的经济收入，提高其经济收入能力，助其实现脱贫。林万龙等（2012）以四川省为例，对小额信贷扶贫进行研究，认为信贷能有效对准贫困农户，放松农户的金融约束。聂富强等（2012）通过实地调查贫困户得出，信用担保可以改善贫困家庭的经济状况，金融资本在民间的借贷作用是反贫困的重要措施。何军和唐文浩（2017）认为小额信贷扶贫方式开辟了金融反贫困的新路径，已成为我国政府开发式精准扶贫的主要手段之一。其通过对江苏省涟水县的实地调查发现，小额信贷扶贫模式对当地贫困农户的收入、消费有显著的正向作用。这些文献对我国信贷扶贫模式进行了多方面的考察，体现了信贷作为融资手段在我国扶贫体系中的重要作用。

2.4.3 "信贷+保险"协同扶贫研究

国外学者对"信贷+保险"协同机制的研究，主要是把保险作为贫困家庭贷款的增信工具来讨论。Armendariz and Jonathan（2005）认为在农业地区获得指数保险会增加这些贫困家庭获得信贷的机会，如果家庭购买了保险，就可以利用保险平滑其遭受风险之后的消费，也可以利用保险进行贷款，从而用于生产和生活，农业贷款和指数保险的结合使得该国家的贫困家庭减少灾后陷入贫困陷阱的概率。Han and Haren（2013）认为农村信贷金融机构具有庞大的网点数量，可以为贫困家庭提供农业保险的网点支持，实现信贷与保险的有效互动与相互促进。

"信贷+保险"模式对于解决我国农户深度贫困、完善我国农村金融体制具有重要意义。张建军和许承明（2013）研究表明，把农业信贷和农业保险相互捆绑起来，可以改善农户的信贷配给，显著提高农户的农业收入水平，并且降低农业保费补贴的财政压力。祝国平等（2014）认为农业保险和农业信贷是农村金融市场不可或缺的部分，农业保险为农业信贷的发展承担了风险，应该建立农业信贷与农业保险之间的良性循环机制。潘明清等（2015）重点研究了农业保险对农村信贷的作用，认为有了农业保险的有利保障，可以有助于农民扩大贷款规模，提高银行的资产质量，从而增加农民的贷款意愿，促进农村信贷的发展并提高扶贫效果。陆铭宁等（2016）分析了凉山彝族自治州地区的农村金融扶贫现状，认为在信贷的基础上，加入"涉农贷款保险"对于解决当地的贫困问题有更加明显的效果。刘素春等（2017）以山东省为例，对农业保险和农业信贷的协同作用进行了分析，结果发现二者结合可以提高农民的风险管理能力，同时可提高农民的经济收入。这些文献从理论和实践方面对我国"信贷+保险"模式进行了分析，为我国建设"信贷+保险"的创新扶贫体系提供了参考。

2.5 研究现状评述

保险扶贫研究是一项综合的系统研究，上述已有的相关研究成果无疑在理论、研究方法和实证研究上奠定了一定基础。但是已有研究存在以下几个方面的不足：

第一，现有文献主要从一般扶贫的视角研究了保险如何扶贫，没有深入考察如何建立保险扶贫研究体系。研究文献中的贫困理论、扶贫理论、保险扶贫理论仅从一般扶贫视角研究扶贫以及保险扶贫，其模型仅能解释一般现象、其结论仅能提供一般扶贫参考，未能突出精准扶贫内涵下的保险扶贫人群识别、保险扶贫产品设计和保险扶贫补贴优化等问题。此外，现有保险精准扶贫研究缺乏量化模型，难以得出量化建议，很难转化成切实可行的政策建议。保险扶贫研究以及保险精准扶贫研究多运用定性方法或者实证方法,其优势在于能理清保险精准扶贫的逻辑或者通过实际数据检验保险精准扶贫效果,但是定性方法或者实证方法的研究结果难以提供制度设计所需的量化建议和细节建议。本书以保险精算理论为基础,结合数量经济理论和优化理论,构建严谨的量化模型,希冀建立一个研究保险扶贫的基本框架。

第二,已有文献认为,贫困的内涵包括风险及面对风险的脆弱性,但是目前国内外缺少对隐性贫困的深入研究。World Bank(2000)、Ligon and Schechter(2003)、Rahut and Ali(2017)等都将风险及面对风险的脆弱性作为贫困的重要内涵之一,但是如何度量、如何管理都未曾深入研究。当前,在我国已经消除绝对贫困的前提下,丰富隐性贫困的研究极为重要。本书将风险及面对风险的脆弱性可能带来的贫困定义为隐性贫困,借用精算学中破产理论研究隐性贫困的度量问题,运用保险的风险管理功能研究隐性贫困的管理问题。

第三,已有文献已经初步尝试基于多重均衡模型研究保险扶贫问题,但是多重均衡的产生原理、风险特征、隐性贫困的特征等方面都未被充分考虑和研究。Chantarat et al.(2009,2017)、Janzen et al.(2012,2016,2017)、Barrett et al.(2013)基于不同技术假设的多重均衡模型讨论了农业保险(主要是资产损失保险和指数保险)的扶贫效果;Kovacevic and Pflug(2011)基于不同财富个体具有不同储蓄决策的假设,建立多重均衡模型,讨论了保险机制(未特定某个险种)的扶贫效果。以上文献为本书的理论研究提供了重要参考。本书分别针对灾害风险为农村居民建立多重均衡 RCK 模型、针对健康风险为一般居民建立多重均衡 OLG 模型,并在模型中引入风险特征,然后以隐性贫困的测度为标准,研究保险帮扶隐性贫困的机理、预期效果与制度设计。

第四,大量文献已经对贫困状况以及保险扶贫效果进行了深入的实证研究,但是单独对隐性贫困相关问题进行实证研究的文献较少,已有文献并未区分显性贫困和隐性贫困。已有实证文献,如 Chenery(1975)、Dawe(2008)、Hamid et al.(2011)、Sood et al.(2014)、Guriev and Vakulenko

(2015)、Asheley et al.（2016）、Laajaj（2017），通常以收入标准、多维贫困指数或人类发展指数度量贫困，将此作为被解释变量进行实证研究。但是隐性贫困是贫困的子类，如何仅针对隐性贫困开展研究，并讨论保险对隐性贫困的帮扶效果，是本书的主要内容之一。

农业保险防范农民陷贫返贫的效应研究

3.1 引言

贫困是经济发展中一个不容忽视的问题,帮助穷人摆脱贫困是许多国家的战略目标之一。围绕脱贫攻坚纲领性文件《中共中央 国务院关于打赢脱贫攻坚战的决定》(中发〔2015〕34 号,以下简称《决定》),各个部委和各级政府 2016 年先后发布 10 个配套文件、出台 101 个政策文件或实施方案开展扶贫工作。"保险扶贫"是《决定》的重要内容,《关于做好保险业助推脱贫攻坚工作的意见》(保监发〔2016〕44 号)对此制定了具体实施方案。由于贫困人口大都处于以农业经济为主的老、少、边、穷地区,保险成为"保险扶贫"的重要工具之一。但是,保险作为一种风险管理工具,其"输血"和"造血"功能并不明显,且保险保费对于穷人来说可能成为一种负担进而加剧贫困。

因此，保险真的有助于穷人摆脱贫困陷阱吗？本章以农业保险为例对此展开研究。基于不同财富水平个体可能采取不同效率的生产技术这一事实，本章首先在风险环境下建立多重均衡模型描述农村经济，其低水平均衡状态即是贫困陷阱。然后在该模型中引入管理农业风险的强制性农业保险，分析农业保险的扶贫效果。再基于基本结论，进一步讨论市场性农业保险（相对于强制性农业保险而言）的需求和扶贫效果，以及补贴政策对农业保险扶贫效果的影响。研究结果表明，如果没有保费补贴，农业保险可能并不是一个很好的扶贫政策工具。但是当政府为农民提供保费补贴以后，农业保险的扶贫效果大幅提升。农民没有参保时，资本水平在 6.166（合年收入 2675 元/人）以下的个体一定会陷入贫困陷阱，而资本水平略高于 6.166 的个体可能会陷入贫困陷阱，并且随着资本水平的提高，破产概率相应降低。农民参保后，以 50% 的市场性农业保险保费补贴为例，则只有资本水平低于 5.787（合年收入 2511 元/人）的个体才会陷入贫困陷阱。农业保险相当于帮助那些资本水平略高于 6.166 的农民由"可能陷入贫困陷阱"变为"一定不会陷入贫困陷阱"。在我们的研究框架里，这部分贫困农民约有 1493 万人，占所有贫困人口的比例为 18.67%。更重要的是，农业保险能够帮助那些资本水平介于 5.787 和 6.166 之间的贫困农民由"原来一定会陷入贫困陷阱"变为"一定不会陷入贫困陷阱"。这部分贫困农民约有 802 万人，占所有贫困人口的比例为 10.03%。以此角度看，我们似乎可以说，农业保险能够帮助约 1/3（18.67% + 10.03%）的农民"爬出"贫困陷阱。

3.2　无农业保险的多重均衡模型

本章修改了 Barrett，Carter，Ikegami 等学者建立的多重均衡模型，引入农业产出风险。该模型基于 Barrett and Carter（2013）提出的多重均衡理论，该理论广泛应用于发展经济学和农业经济学的贫困研究中。相关文献表明，类似的多重均衡现象在非洲和亚洲的农村经济中有着较为广泛的证据支持（Barrett, Carter and Ikegami, 2013; Janzen and Carter, 2018）。该模型的关键假设之一是资本水平较低的农户只能采用低效的生产技术，这在许多发展中国家的农业生产中得到了验证（Carter et al., 2016）。因此，我们的模型虽然简化了一些复杂的现实因素，但仍能合理刻画贫困陷阱现象。其假设经济中包含众多个体，每个个体都具有无限生命，追求终身效用最大化，这适用于描述一个稳态经济中的长期效应。经济中只有一种产品，个体的投入、产出以及消费均以此衡量。由于模型专注于农业经济内部的决策机制分析，因此假设个体采用传统农业生产模式，即将拥有的全部劳动力投入到农业产出中，并依照终身效用最大化进行再生产决策。个体面临的问题可以表示为：

$$\max_{\{c_t\}_{t=0}^{\infty}} E\left\{\sum_{t=0}^{\infty} \beta^t u(c_t)\right\}$$

$$s.t. \quad c_t + k_{t+1} = f(A_t, k_t) + (1-\delta)k_t, \forall t = 0,1,2,\cdots,n \quad (3-1)$$

其中：β 表示效用贴现因子；$u(\cdot)$ 表示效用函数；c_t 表示第 t 期的消费；k_t 表示第 t 期的资本投入；k_0 表示初始资本水平；$f(\cdot)$ 表示生产函数；δ 表示资本折旧因子。

上式的含义是，个体根据折旧后的资本存量和当期产出水平制定消费决策和生产再投入决策，以追求终身效用最大化。

参照 Barrett, Carter and Ikegami（2013）的研究成果，假设生产函数 $f(\cdot)$ 具有如下形式：

$$f(A_t, k_t) = \begin{cases} f^H(A_t, k_t) = \alpha A_t k_t^{\gamma_H} - \underline{f} & k_t > \tilde{k} \\ f^L(A_t, k_t) = \alpha A_t k_t^{\gamma_L} & k_t \leq \tilde{k} \end{cases} \quad (3-2)$$

其中：α 表示全技术水平；A_t 衡量农业生产风险，且 $\{A_t\}_{t=0}^{\infty}$ 是独立同分布的，以概率 p 不发生风险，即 $A_t = A^1 = 1$，以概率 $1-p$ 发生风险，即 $A_t = A^2 < 1$；个体按照无风险时的产出水平选择生产技术，即 $\tilde{k} = $

$\{k|f^H(A^1,k)=f^L(A^1,k)\}$，$\gamma_L$，$\gamma_H$ 表示边际产出弹性且 $0<\gamma_L<\gamma_H<1$；$\underline{f}$ 表示固定成本。

上式的含义是，个体根据拥有的资本水平选择采用两种生产技术，拥有低资本水平的个体采用低效率生产技术（边际产出弹性小），拥有高资本水平的个体以付出固定成本为代价采用高效率生产技术（边际产出弹性大），该生产函数形式合理地反映了现实生产情况。同时，农业生产面临风险，实际产出具有随机性，是最优产出的一定比例 A_t。这些假设是基于现实中农业生产的高风险性，以及不同资本水平农户在生产技术选择上的差异性。农业生产容易受到气候和自然灾害等外部因素的影响，导致产出结果的不确定性，因此引入农业产出风险的假设有助于模拟实际中农户所面临的挑战。此外，资本水平不同的农户采用的生产技术效率不同也是农村经济中的常见现象。贫困农户由于资本有限，往往只能使用低效的传统技术，而相对富裕的农户则有能力采用更高效的现代化生产技术。这种技术层级的假设能够更准确地反映不同农户之间的经济差异。

基于（3-1）式和（3-2）式，个体终身效用最大化问题的贝尔曼方程可以表示为：

$$V(k_t,A_t)=\max_{c_t}\{u(c_t)+\beta E[V(k_{t+1},A_{t+1}|c_t,A_t)]\} \quad (3-3)$$

根据（3-3）式，设定相关参数、编写 Matlab 程序（见附录 3-1），个体资本决策的动态路径如图 3-1 所示。

图 3-1 展示了在技术分层、产出面临风险情况下个体终身效用最大化时的资本动态变化。在上述假设下，不考虑农业风险，个体长期资本水平将出现两个均衡状态：如果个体的初始资本水平 k_0 低于临界资本水平（图中 B 点所示资本水平），个体的资本水平将收敛至 A 点；反之，如果个体的初始资本水平高于临界资本水平，个体的资本水平将收敛至 C 点。基于研究主题，本章约定低均衡资本水平（图中 A 点）低于贫困线标准，则收敛至低均衡资本水平的个体为贫困人群，资本水平低于临界资本水平的个体将跌入贫困陷阱。资本动态过程的设定基于农民的资本积累和再投资行为，这种设定能够合理反映农民在农业生产中的长期决策模式。农民

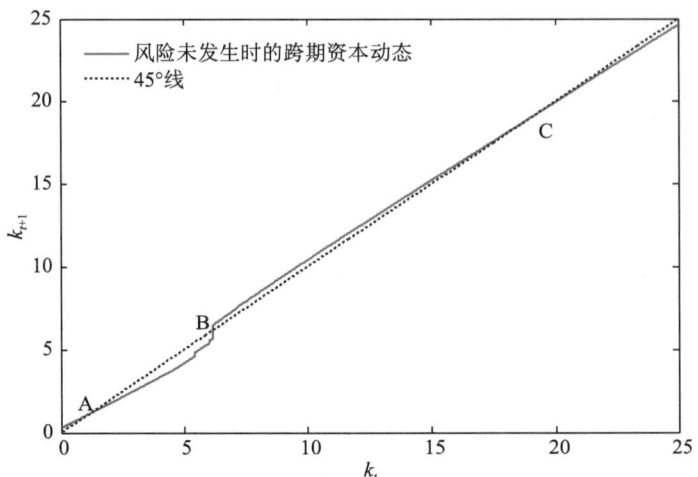

图 3-1　农业风险未发生时的跨期资本动态

通过最大化效用来决定每期的消费与资本再投资，这种动态过程能够很好地模拟不同资本水平下的农民在长期生产中的资本变化轨迹。同时，引入临界资本水平假设，能反映农民资本水平低于一定临界点时，可能陷入贫困陷阱的现实情况。该设定符合发展经济学中的贫困陷阱理论，为后续分析农业保险对贫困的缓解作用提供了坚实的理论基础。

但是由于农业生产面临风险，并不是初始资本高于临界值的个体一定收敛至高水平均衡，他们也可能因为农业风险而跌入贫困陷阱，如图3-2所示。这揭示了现实中农业生产中面临的脆弱性，即农户的资本水平越低，越容易陷入贫困，而那些刚刚脱离贫困线的农户则极易因风险因素重新陷入贫困。

对低于临界资本水平的个体，图3-2与图3-1的显示结果一致，即低于临界资本水平的个体一定跌入贫困陷阱。根据图3-1和图3-2，只要个体的资本水平小于临界资本水平，个体一定会跌入贫困陷阱，因此定义 T 期内初始资本水平为 k_0 的个体跌入贫困陷阱的概率是任意时间资本水平小于临界资本水平的概率，即：

$$P_T(k_0) = Pr\{\bigcup_{t=0}^{T}\{k_t < \tilde{k}\}\} \tag{3-4}$$

第3章 农业保险防范农民陷贫返贫的效应研究

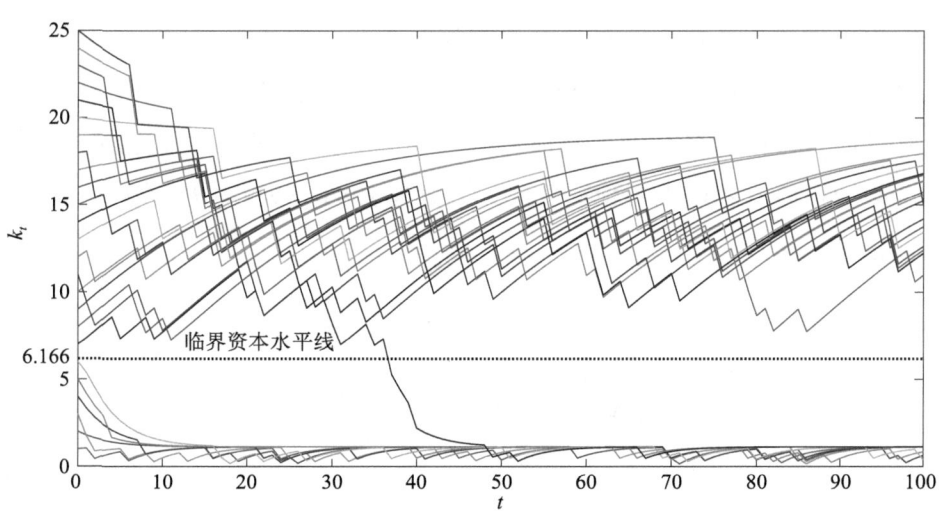

图 3-2　含农业风险时的资本动态过程

对应于图3-2，不同初始资本水平个体的破产概率如图3-3所示。

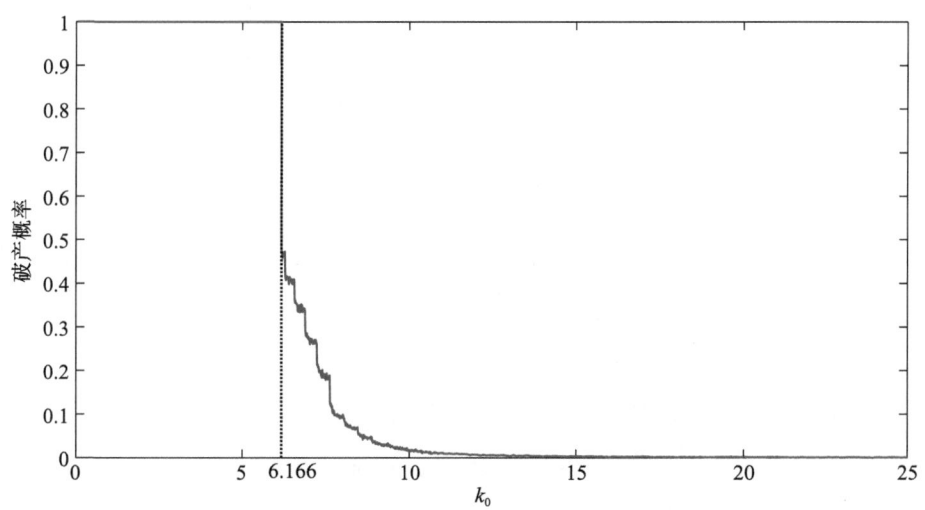

图 3-3　不同初始资本水平个体的破产概率①

图3-3进一步展示了图3-2所示的内容。初始资本低于临界资本水平（临界资本水平为6.166）的个体一定陷入贫困陷阱，破产概率为1；

---

① 这里将期限定义为400期，即不同初始资本的个体在400期内跌入贫困陷阱的概率。

初始资本高于临界资本水平的个体可能陷入贫困陷阱，且资本水平越高，破产概率越低。根据图 3-3 所示的破产概率，结合我国 2012 年 "农村居民按纯收入分组的户数占调查户比重" 和 2012 年乡村人口数，可计算得到无农业保险时我国农村预期贫困人口数为 7986 万人①（计算假设与过程见附录 3-2）。

3.3 含农业保险的多重均衡模型

为展现农业保险对贫困陷阱的影响，在本节中，我们引入农业保险作为应对农业风险的手段。虽然在现实中保险公司可能无法根据期望原则进行准确定价，农户也无法即时获得赔付，但引入农业保险并要求农户必须购买保险这一假设便于我们分析农业保险的长期效果，研究农业保险对扶贫起到的重要作用。

3.3.1 强制性农业保险对贫困陷阱的影响

假设农业保险是强制的，每个个体都必须购买农业保险管理农业产出风险，农业保险按照期望原则定价，即：

$$m_t = (1+\theta)p_2(f(A^1, k_t - m_t) - f(A^2, k_t - m_t)) \quad (3-5)$$

其中：θ 为风险附加因子，后文假设为 0。

上式的含义是，个体在生产前拥有资本 k_t，缴纳保费 m_t 后进行生产，风险未发生时产出水平为 $f(A^1, k_t - m_t)$，风险发生时产出水平为 $f(A^2, k_t - m_t)$，风险发生概率为 p_2，因此农业生产的期望损失为 $p_2(f(A^1, k_t - m_t) - f(A^2, k_t - m_t))$，按照期望原则定价，保费如 (3-5) 式所示。

在引入农业保险后，个体面临的终身效用最大化问题为：

---

① 这里估计的数据主要来自于 2012 年的一些农村调查数据。

第3章 农业保险防范农民陷贫返贫的效应研究

$$\max_{\{c_t\}_{t=0}^{\infty}} E\left\{\sum_{t=0}^{\infty} \beta^t u(c_t)\right\}$$

$$s.t \quad c_t + k_{t+1} = f(A^1, k_t - m_t) + (1-\delta)(k_t - m_t), \forall t = 0,1,2,\cdots,n \tag{3-6}$$

上式的含义是,由于个体购买了农业保险,其生产虽然可能为 $f(A^2, k_t - m_t)$,但农业保险为其损失部分予以补偿,个体得到产出和赔付之和为 $f(A^1, k_t - m_t)$。农业保险的引入使得农业生产中的风险被部分转移,这意味着当农户面临农业风险时,保险可以弥补其部分或全部的产出损失。

1. 无补贴强制性农业保险的影响

无补贴强制农业保险对跨期资本动态的影响如图3-4和表3-1所示(参数设定及程序见附录3-1)。

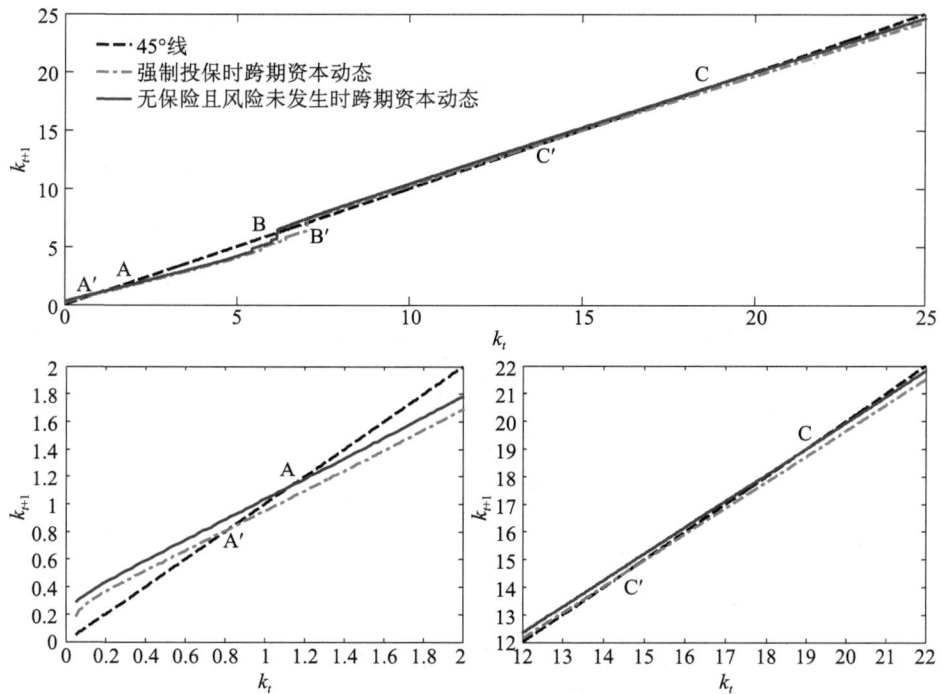

图3-4 农业保险对跨期资本动态的影响

表 3-1　　　　　　　　农业保险对均衡点的影响

	低均衡	临界值	高均衡
无农业保险 （初始风险未发生的理论均衡点）	1.130（A）	6.166（B）	19.040（C）
无农业保险 （100期期末的资本实际值）	[0.456, 1.129] 均值1.006	6.166	[13.057, 18.025] 均值15.056
无补贴强制性农业保险	0.820（A'）	7.016（B'）	14.470（C'）

注：无农业保险时，风险状况影响实际资本水平，因此理论均衡值与实际值存在差异。强制农业保险下，农业风险被全部转移，理论均衡值与实际值无差异。

图 3-4 和表 3-1 展示了无补贴强制农业保险对均衡点以及临界值的影响。根据图 3-4，在技术分层背景下，农业保险不会改变经济中存在多重均衡状态的特征。初始资本水平高于临界资本水平的个体收敛至高均衡状态，初始资本水平低于临界资本水平的个体收敛至低均衡状态。但是结合图 3-4 和表 3-1 发现，农业保险对经济的影响有利有弊。有利方面，引入农业保险后，个体的长期资本水平趋于稳定，不会出现时高时低的波动。不利方面，引入农业保险后，农业保险保费使农业经济中的资本流入非农业经济，个体的长期资本水平低于无农业保险时的理论值和最大值。同时，略高于临界资本水平的个体由于必须购买农业保险，只能采取低技术水平而陷入贫困陷阱，因此农业保险使跌入贫困的阈值提高（临界值由 6.166 提高至 7.016）。引入政府对农业保险的保费补贴政策，可能会降低这种不利影响，后文将对此进行讨论。

图 3-5 展示了无补贴强制性农业保险下的资本动态过程。与图 3-2 对比，图 3-5 显示，农业保险的引入消除了农业风险对农村经济的影响。在图 3-2 中，农业风险使个体的资本动态过程呈现不确定性，高于临界资本水平的个体可能因农业风险跌入贫困陷阱。在图 3-5 中，农业风险对个体资本带来的不确定性被消除，初始资本水平高于临界资本水平的个体一定收敛至高水平均衡，初始资本水平低于临界资本水平的个体一定收

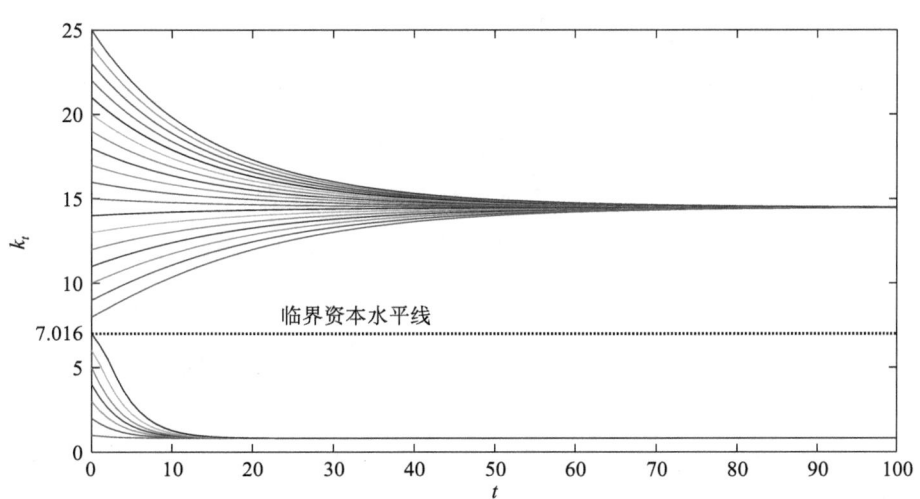

图 3-5　无补贴强制性农业保险下的资本动态过程

敛至低水平均衡①。

与图 3-5 对应，农业保险也使不同初始资本水平的破产概率发生变化，如图 3-6 所示。

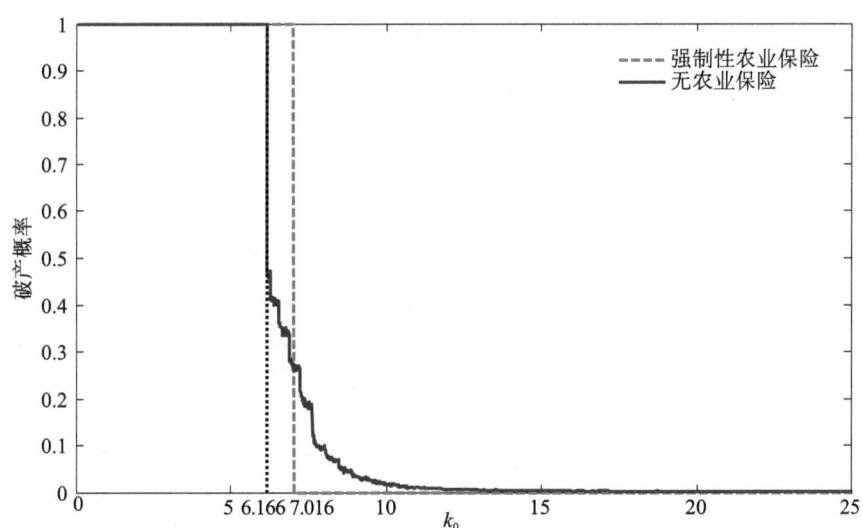

图 3-6　无补贴强制性农业保险对不同初始资本水平个体破产概率的影响

---

① 注意这时的临界值已经由无农业保险时的 6.166 提高至无补贴强制农业保险的 7.016。

图 3-6 显示，无补贴强制农业保险对不同初始资本水平个体的破产概率具有不同影响：首先，农业保险不改变绝对贫困个体（即初始资本水平低于原有临界资本水平 6.166 的个体）的贫困状况，这些个体一定会陷入贫困陷阱。其次，农业保险恶化相对贫困个体（即初始资本水平介于新旧临界资本水平 6.166 与 7.016 之间的个体）的破产概率，这些个体从"可能陷入贫困陷阱"恶化至"一定陷入贫困陷阱"。最后，农业保险改善相对富裕及绝对富裕个体（即初始资本水平高于 7.016 的个体）的破产概率，这些个体从"可能陷入贫困陷阱"改善至"一定不会陷入贫困陷阱"。

根据图 3-6 所示的破产概率，结合我国 2012 年"农村居民按纯收入分组的户数占调查户比重"和 2012 年乡村人口数，可计算得到无补贴强制性农业保险下我国农村预期贫困人口数为 8434 万人，比无农业保险时的贫困人口数增加 448 万人（计算假设与过程见附录 3-2）。也就是说，无补贴强制性农业保险不能发挥扶贫作用，反而可能会恶化农村贫困状况。

2. 政府保费补贴下强制性农业保险的影响

农业保险是一种风险管理工具，更是一种农业扶持手段，很多国家通过农业保险保费补贴支持农业经济发展。我国自 2007 年开始实施中央财政农业保险保费补贴以来，农业保险迅速发展，并极大促进了我国农业经济发展。政府保费补贴下，强制性农业保险扶贫效果会是什么样呢？

表 3-2 展示了不同政府补贴下强制性农业保险对经济的影响。

表 3-2　　　　政府保费补贴下农业保险对均衡点的影响

	低均衡	临界值	高均衡
无农业保险 （初始风险未发生的理论均衡点）	1.130	6.166	19.040
无农业保险 （100 期期末的资本实际值）	[0.456, 1.129] 均值 1.006	6.166	[13.057, 18.025] 均值 15.056
强制性农业保险—0% 补贴	0.820	7.016	14.470
强制性农业保险—50% 补贴	0.820	5.847	15.830
强制性农业保险—75% 补贴	0.810	5.827	16.530
强制性农业保险—100% 补贴	0.810	5.797	17.241

表3-2显示,第一,与无农业保险情形相比,农业保险具有很好的扶贫效果,并且政府补贴比例越高,临界资本水平越低,农业保险扶贫效果越好。第二,当政府补贴比例比较高时,高均衡资本水平也比较高。第三,无论补贴比例如何变化,低均衡资本水平几乎不发生改变。

表3-2的结果可以通过Barrett, Carter and Ikegami (2013) 以及Janzen, Carter and Ikegami (2016) 介绍的事后脆弱性减少效应和事前投资激励效应说明。强制性农业保险消除了农业生产风险,发挥了事后脆弱性减少效应,临界资本附近的个体可以通过牺牲当前消费,增加再投资水平达到高均衡状态,因此临界资本水平降低,高均衡资本水平提高。但是对于陷入贫困陷阱底层的个体并非如此,虽然存在农业保险保费补贴,但他们仍然不能脱离贫困陷阱,因此他们会增加当期消费、减少再投资水平以增进终身效用。

图3-7展示了不同政府补贴下强制性农业保险对不同初始资本水平个体破产概率的影响。

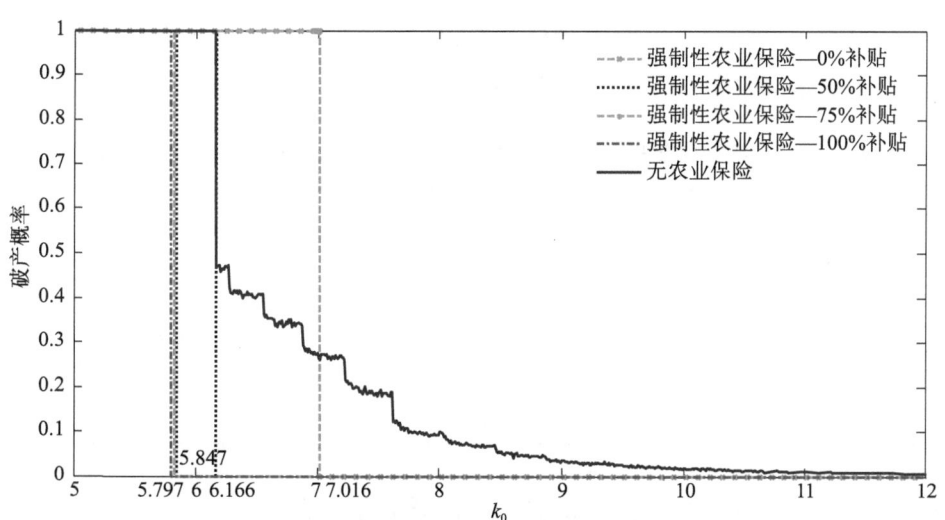

图3-7 不同政府补贴下强制性农业保险对不同初始资本水平个体破产概率的影响

图3-7显示,无补贴时,临界资本水平为7.016,初始资本水平介于6.166和7.016之间的个体破产概率上升为1,初始资本水平高于7.016的个体破产概率下降为0。政府补贴后,临界资本水平下降。以50%的补贴

比例为例，临界资本水平下降为 5.847，低于无保险时的临界资本水平 6.166，补贴后的农业保险不但使相对贫穷、相对富裕及绝对富裕个体（即初始资本水平大于 6.166 的个体）收敛至高均衡资本水平，而且还使部分绝对贫穷的个体（即初始资本水平介于 5.847 与 6.166 之间的个体）摆脱贫困，达到高均衡资本水平。政府补贴使得更多个体既消除了农业风险，又不减少其资本水平，从而达到扶贫效果。

图 3-7 还显示，政府补贴扶贫的效果可能是边际递减的。当保费补贴比例从 0% 上升至 50% 时，农业保险促使初始资本水平介于 5.847 与 7.016 之间的个体摆脱贫困，而当保费补贴比例从 50% 上升至 100% 时，农业保险进一步促使资本水平介于 5.797 与 5.847 之间的个体摆脱贫困。贫困程度更深、生产函数边际递减都可能是政府补贴扶贫效果边际递减的原因。

根据图 3-7 所示的破产概率，结合我国 2012 年"农村居民按纯收入分组的户数占调查户比重"和 2012 年乡村人口数，计算得到的不同政府补贴强制性农业保险下我国农村预期贫困人口数也反映了上述特征。如表 3-3 所示（计算假设与过程见附录 3-2）。

表 3-3　不同政府保费补贴强制性农业保险下我国农村预期贫困人口数

	贫困人数（万人）	与无保险相比贫困人数的增减（万人）
无农业保险	7986	—
强制性农业保险—0% 补贴	8434	+448
强制性农业保险—50% 补贴	5802	-2184
强制性农业保险—75% 补贴	5761	-2225
强制性农业保险—100% 补贴	5699	-2287

3.3.2　市场性农业保险对贫困陷阱的影响

现实中，农业保险不是强制的，而是市场化的，个体可以根据需求选择购买农业保险。假设农业保险是可分的，农户可以按照自己的意愿选择购买任意比例的农业保险，自缴保费为：

$$m_t = \rho_t (1+\theta) p_2 (f(A^1, k_t - m_t) - f(A^2, k_t - m_t)) \qquad (3-7)$$

其中：ρ_t 表示农业保险购买比例。

在引入农业保险后，个体面临的终身效用最大化问题为（求解过程见附录3-1）：

$$\max_{\{c_t\}_{t=0}^{\infty},\{\rho_t\}_{t=0}^{\infty}} E\left\{\sum_{t=0}^{\infty}\beta^t u(c_t)\right\}$$

s.t $\forall t = 0,1,2,\cdots,n$

$$\begin{cases} c_t + k_{t+1} = f(A^1, k_t - m_t) + (1-\delta)(k_t - m_t), \text{以概率} p_1 \\ c_t + k_{t+1} = \rho_t f(A^1, k_t - m_t) + (1-\rho_t) f(A^2, k_t - m_t) + \\ \qquad (1-\delta)(k_t - m_t), \text{以概率} p_2 \end{cases} \quad (3-8)$$

上式的含义是，由于个体购买了一定比例的农业保险，当风险发生时，其产出水平为 $f(A^2, k_t - m_t)$，得到的赔付为 $\rho_t(f(A^1, k_t - m_t) - f(A^2, k_t - m_t))$，因此个体的产出与赔付之和为 $\rho_t f(A^1, k_t - m_t) + (1-\rho_t) f(A^2, k_t - m_t)$。

1. 无补贴市场性农业保险的影响

求解（3-8）式，无补贴市场性农业保险的需求曲线如图3-8所示。

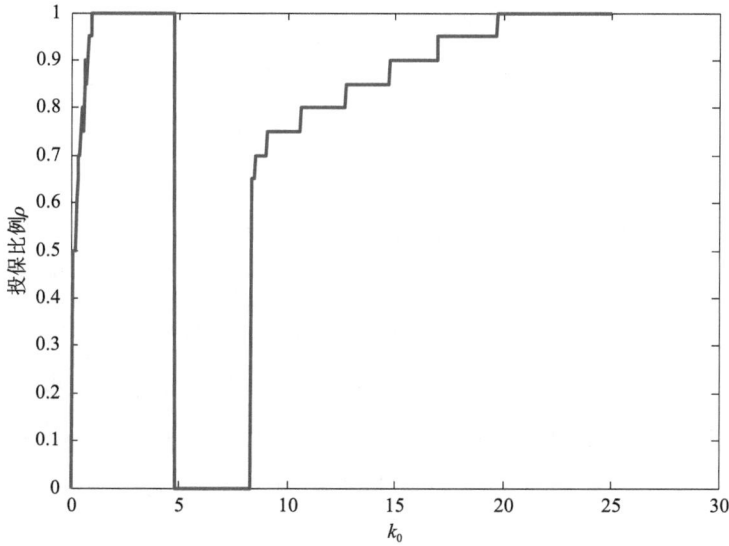

图 3-8 不同资本水平个体的投保比例①

---

① 数值求解时，设定投保比例可选集为 {0%, 5%, …, 95%, 100%}，所以出现了图中阶梯递增的形状。

图 3-8 显示，不同资本水平个体的投保比例是不同的。当资本水平极低时，个体的投保比例为 0。随着资本水平的增加，个体投保比例增加，直至完全投保。但当资本水平落入某段区间时，个体不选择投保。而当资本水平超过某个阈值时，个体的投保比例又逐渐增加，直至完全投保。这一结果源于效用最大化的决策逻辑，反映了农民在面对保险费用与产出稳定性时的权衡。资本水平较低的个体通常更关注生存问题，因而不愿意支付保险保费。而当资本水平较高时，个体逐渐开始考虑利用保险来对冲农业生产中的风险，以减少收入波动。这种投保行为的差异符合现实中不同资本水平农户的保险选择倾向，表明模型能够合理模拟农民在实际中面对保险时的决策过程。

该现象的根本原因在于，个体以终身效用最大化为目标。农业保险从两个方面影响个体的效用：一方面，缴纳保费减少个体可支配收入，效用下降；另一方面，农业保险保证了风险发生时的收入，效用提升。个体通过衡量上述两个方面的相反效应作出投保决策。首先，当个体资本水平极低时，个体的生存是第一要务，因此不会购买农业保险，投保比例为 0。其次，当个体资本水平很低时，可能发生的产出损失也低，保费便宜，第一方面的负效应很小。而成本很低的农业保险能稳定产出水平，提高效用，因此个体的投保比例逐渐增加。再次，当个体资本水平处于某一区间 [4.799, 8.304] 时，产出损失增加，保费上升，甚至导致个体跌入贫困陷阱，第一方面的负效应很大，而保险减缓波动带来的效用很低，因此个体不购买保险。最后，当个体资本水平高于某个阈值时 (8.304)，农业保险降低个体破产概率，并避免了收入的波动，虽然保费进一步上升，但是个体能够负担，因此购买保险。

在个体的保险决策下，跨期资本动态如图 3-9 所示，市场性农业保险对均衡点的影响如表 3-4 所示。

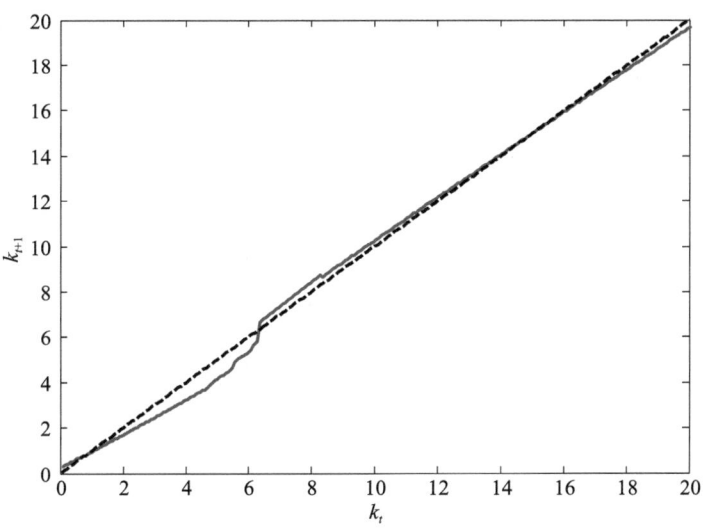

图 3-9 市场性农业保险下的跨期资本动态过程

表 3-4　　　　0% 补贴下市场性农业保险对均衡点的影响

	低均衡	临界值	高均衡
无农业保险 （初始风险未发生的理论均衡点）	1.130	6.166	19.040
无农业保险 （100 期期末的资本实际值）	[0.456, 1.129] 均值 1.006	6.166	[13.057, 18.025] 均值 15.056
强制性农业保险—0% 补贴	0.820	7.016	14.470
市场性农业保险—0% 补贴 （初始风险未发生的理论均衡点）	0.849	6.332	14.886
市场性农业保险—0% 补贴 （100 期期末的资本实际值）	[0.803, 0.825] 均值：0.810	6.332	[14.308, 14.830] 均值：14.504

图 3-9 和表 3-4 表明，与无农业保险相比，市场性农业保险的不利影响是降低了长期资本的低均衡点理论值和高均衡点理论值以及实际资本的均值，提高了跌入贫困陷阱的临界值，更多居民会跌入贫困陷阱。有利影响是使实际资本水平的波动范围缩小，有利于稳定农村经济产出水平。

与强制性农业保险相比，虽然市场性农业保险下长期资本的低均衡点理论值和高均衡点理论值高于强制性农业保险，但是由于市场性农业保险未转移全部农业风险，实际资本呈现一定波动，且实际资本均值低于强制性农业保险时的均衡值。市场性农业保险下跌入贫困陷阱的临界值比强制性农业保险情形低，但高于无农业保险情形。

由于一些个体选择部分投保或者不投保，农业经济仍有不确定性，如图3-10所示。

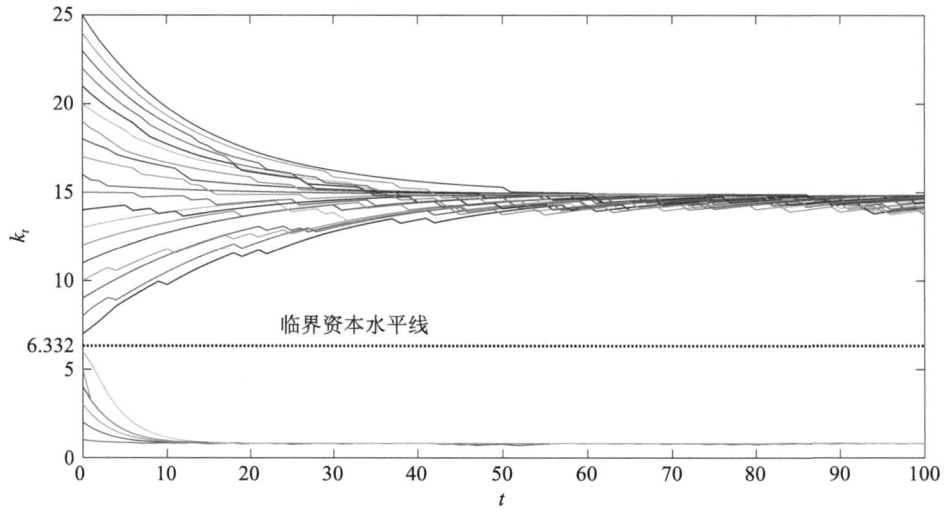

图3-10　市场性农业保险下的资本动态过程

根据图3-10，市场性农业保险也使得不同初始资本水平个体的破产概率发生了变化，如图3-11所示。

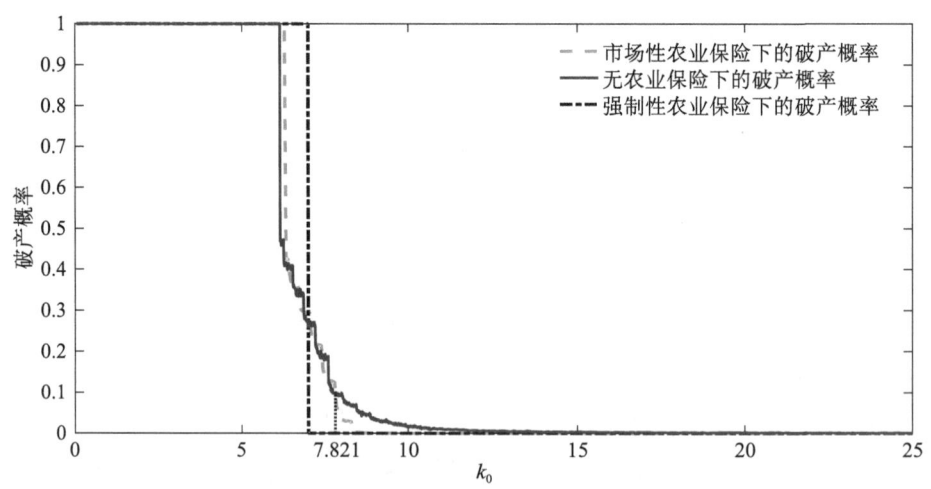

图3-11　市场性农业保险对不同资本水平个体破产概率的影响

第 3 章 农业保险防范农民陷贫返贫的效应研究

图 3-11 显示，与强制性农业保险相比，市场性农业保险对破产概率的影响较小。首先，自由投保提高了很小一部分个体的破产概率，而强制投保会使更多的个体跌入贫困陷阱。其次，市场性农业保险不改变中间部分个体的破产概率，这部分个体不购买农业保险。最后，市场性农业保险降低了绝对富裕个体（初始资本水平高于 7.821）的破产概率。

根据图 3-7 所示的破产概率，结合我国 2012 年"农村居民按纯收入分组的户数占调查户比重"和 2012 年乡村人口数，可计算得到市场性农业保险下我国农村预期贫困人口数为 7809 万人，比无农业保险时的贫困人口数减少 177 万人（计算假设与过程见附录 3-2）。也就是说，无补贴市场性农业保险会有扶贫作用，但是效果不明显。

2. 政府保费补贴下市场性农业保险的影响

与强制性农业保险类似，政府保费补贴将改变市场性农业保险的影响。在 0%、50%、75%、100% 的保费补贴比例下，个体的投保决策如图 3-12 所示。

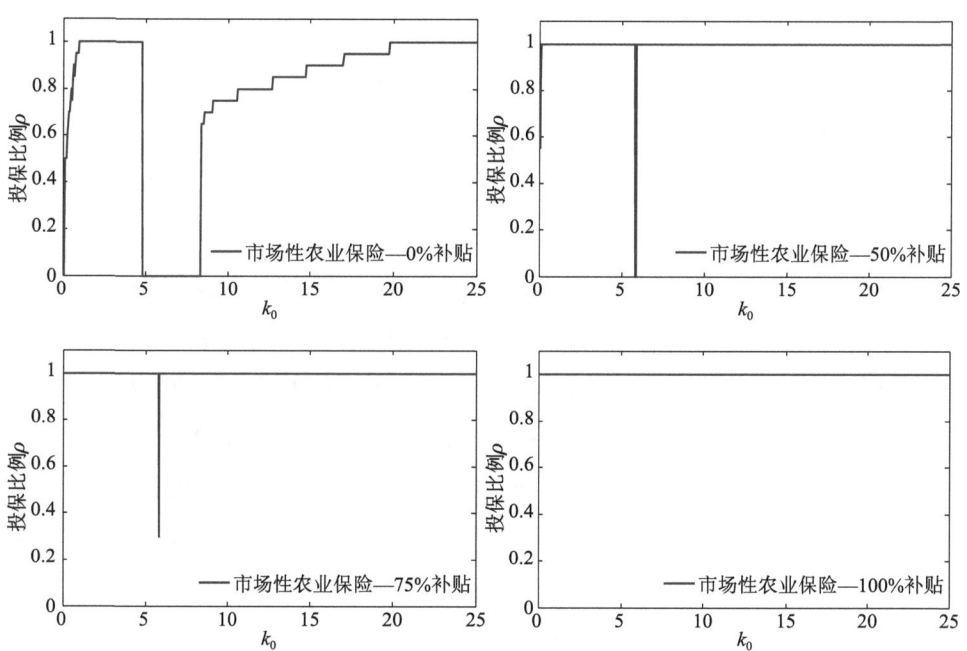

图 3-12 不同保费补贴比例下个体最优投保比例

图 3-12 显示,随着政府的保费补贴比例上升,购买农业保险的个体增加,且当政府保费补贴比例高于一定水平后,除处于临界值的个体之外,其他个体的投保比例均为 100%。也就是说,政府可以通过市场化手段促进个体购买农业保险,而非一定要通过行政手段实现全体投保。

同时,有补贴的市场性农业保险和强制性农业保险对均衡水平的影响也是不同的,如表 3-5 所示。

表 3-5 不同保费补贴比例下市场性农业保险对均衡点的影响

	低均衡	临界值	高均衡
无农业保险	[0.456, 1.129]	6.166	[13.057, 18.025]
(100 期期末的资本实际值)	均值 1.006		均值 15.056
强制性农业保险—0% 补贴	0.820	7.016	14.470
强制性农业保险—50% 补贴	0.820	5.847	15.830
强制性农业保险—75% 补贴	0.810	5.827	16.530
强制性农业保险—100% 补贴	0.810	5.797	17.241
市场性农业保险—0% 补贴	[0.803, 0.825]	6.332	[14.308, 14.830]
(100 期期末的资本实际值)	均值:0.810		均值:14.504
市场性农业保险—50% 补贴注	0.820	5.787	15.830
市场性农业保险—75% 补贴注	0.810	5.797	16.530
市场性农业保险—100% 补贴	0.810	5.797	17.241

注:市场性农业保险时,50% 和 75% 的补贴比例下,农业经济的均衡资本水平仍有波动,但是波动幅度可以忽略不计。

表 3-5 显示,相同的补贴比例条件下,与强制性农业保险相比,市场性农业保险临界资本水平更低,更少的个体陷入贫困。表 3-5 还显示,保费补贴能有效改善农业经济。随着保费补贴比例的提高,低均衡资本水平几乎无变化,但高均衡资本水平快速提升。其原因可能是,处于低均衡资本水平的个体落入贫困陷阱,他们扩大再投资仍然不会改善其贫困状况,因此他们将所有补贴消费。而处于高均衡资本水平的个体更看重农业保险的事后脆弱性减少效应,从而扩大再投资,因此他们的均衡资本水平有所提高。

不同补贴比例下市场性农业保险的扶贫效果在表 3-5 中也有体现,

但不明显,本章结合不同补贴比例下的破产概率予以展示,如图 3-13 所示。

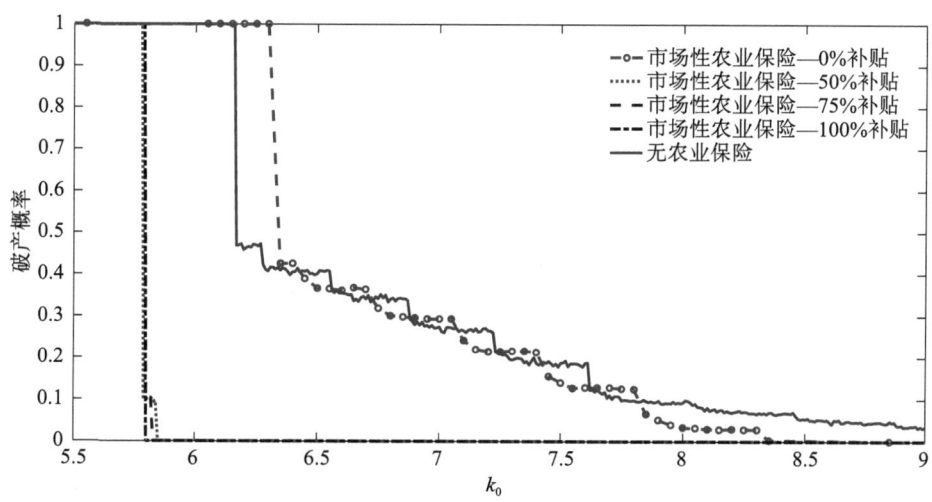

图 3-13　不同政府补贴市场性农业保险对不同初始资本水平个体破产概率的影响

图 3-13 显示,保费补贴比例越高,临界资本水平越低,即更少的个体陷入贫困。但是也有例外:图中 50% 保费补贴比例下,临界资本水平为 5.787,但 75% 或者 100% 保费补贴比例下,临界资本水平为 5.797(具体数值见表 3-4)。其原因是,虽然 50% 保费补贴比例下,临界资本水平更低,但是高于临界资本水平的一部分个体不会购买保险,其破产概率大于 0;而 75% 或者 100% 保费补贴比例下,几乎所有个体都购买保险,高于临界资本水平个体的破产概率为 0。

与图 3-7 类似,图 3-13 也显示了保费补贴比例的扶贫边际效果递减规律。图 3-7 中,保费补贴比例从 0% 增加到 50% 时,扶贫边际效果非常明显,但是保费补贴比例从 50% 增加至 100% 时,扶贫边际效果式微。这表明,单从扶贫效果考虑而言,保费补贴比例可能也并非越高越好,理论上似乎存在一个最优补贴比例。

此外,相同政府保费补贴下,强制性农业保险和市场性农业保险的扶贫效果也有差异,以 50% 保费补贴比例为例,如图 3-14 所示。

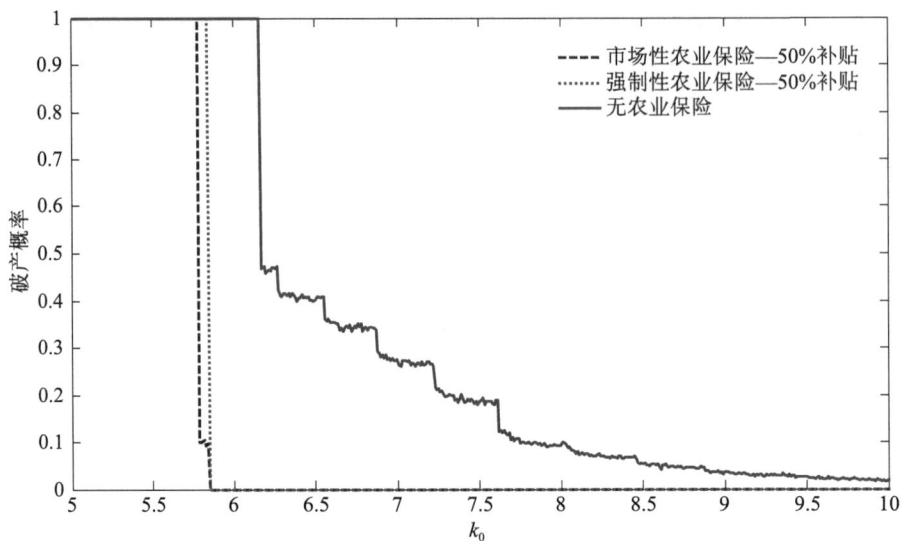

图 3－14　50％保费补贴比例强制性农业保险和市场性农业保险扶贫效果对比

图 3－14 显示，50％保费补贴下，与强制性农业保险相比，市场性农业保险能够改善更多个体的破产概率。

根据图 3－13 所示的破产概率，结合我国 2012 年"农村居民按纯收入分组的户数占调查户比重"和 2012 年乡村人口数，计算得到的不同政府补贴市场性农业保险下我国农村预期贫困人口数也反映了上述特征。如表 3－6 所示（计算假设与过程见附录 3－2）。

表 3－6　不同政府保费补贴市场性农业保险下我国农村预期贫困人口数

	贫困人数（万人）	与无保险相比贫困人数的增减（万人）
无保险	7986	0
自由投保—0％补贴	7809	－177
自由投保—50％补贴	5691	－2295
自由投保—75％补贴	5705	－2281
自由投保—100％补贴	5699	－2287

一些保险公司也对农业保险扶贫进行了实践，我们搜集整理了阳光财险农业保险扶贫的案例。

案例1　阳光财险地方特色农产品保险扶贫模式

项目介绍：2019年9月，阳光财险在定点帮扶地区内蒙古察右中旗乌素图镇开展"胡萝卜目标价格指数保险"，并取得较好效果。该保险降低了因价格波动给农户造成的损失，有效提高了农户的风险抵御能力。阳光财险承保的"胡萝卜目标价格指数保险"涉及7个行政村、583户、15000多亩地。

具体措施：胡萝卜种植是内蒙古察右中旗乌素图镇的主要产业之一。据了解，乌素图镇每年胡萝卜种植面积稳定在1.5万亩左右，按照亩产1万斤计算，根据目前市场行情总产值可达1.2亿元。

据此，阳光财险开展了"胡萝卜目标价格指数保险"产品，其中目标价格指数确定为0.76元/公斤，亩产量为2500公斤/亩。该产品对胡萝卜种植户因市场价格大幅波动、胡萝卜价格低于目标价格造成的损失给予经济赔偿。

取得的成效：2019年11月26日，根据《察右中旗红胡萝卜目标价格指数保险价格采集情况》公布的胡萝卜市场价格，低于保单约定目标价格，确认发生保险事故，触发保险责任。2019年12月16日，阳光财险通过现场给付和线上远程集中给付的形式，将933万余元赔款打入了583户农户指定的银行卡。

"胡萝卜目标价格指数保险"作为农作物价格指数保险的一种，其扶贫效果主要体现在：一是将农产品生产的市场风险纳入农业保险保障范畴，拓宽了保险服务领域，促进了农业生产和农产品市场价格基本稳定，保障了农民利益，提高了种植户的生产积极性；二是鉴于当前我国农业保险产品形态以物化"成本保险"为主，其保额以作物或动物生产投入的直接物化成本为限进行确定，保障水平不高、农民获得感有限，推广农产品价格指数保险，有助于实现农业保险从保成本向保收入的转变；三是有利于推动特色产业项目进一步市场化、规模化，促进脱贫地区产业帮扶项目可持续发展。

3.4 本章小结

"反贫困"是发展经济学的一个重要研究主题,也是很多国家的战略目标之一。我国是一个发展中国家,自然因素、经济因素、地缘因素等导致我国仍有大量贫困人口,如何摆脱贫困是一个极富挑战性的重大课题。本章基于一个多重均衡模型探究了农业保险帮助贫困农民摆脱贫困陷阱的效应。

研究结果表明:

(1) 如果农民没有参保,那么初始资本低于临界资本水平(临界资本水平为6.166)的个体一定陷入贫困陷阱,初始资本高于临界资本水平的个体可能陷入贫困陷阱,且资本水平越高,陷入贫困陷阱的概率越低。在2012年农村调查数据时所处的情景下,我国农村预期贫困人数约为7986万人。

(2) 无补贴的强制农业保险虽然会降低初始资本较高个体跌入贫困陷阱的概率,但是对于那些略高于临界资本水平的个体而言,由于保险是强制的,他们为了缴纳保费只能采取较低技术水平,陷入贫困陷阱的概率反而大幅提高。而对于那些资本水平低于临界值的更加贫困的个体而言,无补贴的强制农业保险更不会降低他们陷入贫困陷阱的概率。最终的结果是,在无补贴强制性农业保险下,我国农村预期贫困人口为8434万人,比无保险时增加448万人。

(3) 与强制性农业保险相比,无补贴的市场性农业保险的临界值有明显降低,但仍然高于无农业保险情形。因此其也不算是合格的扶贫政策工具。

(4) 国家如果对保费进行补贴,则能够起到很好的扶贫效果,这主要是由于临界值大幅降低,相比于无农业保险情形,更少的农民将跌入贫困陷阱。例如，50%保费补贴强制性农业保险下，我国农村预期贫困人口为5802万人，比无保险时减少2184万人，农业保险的扶贫效果十分明显。

（5）最好的情形是带有保费补贴的市场性农业保险，相同的保费补贴比例条件下，与强制性农业保险相比，临界资本水平会进一步降低。例如，50%保费补贴市场性农业保险下，我国农村预期贫困人口为5691万人，比无保险时减少2295万人，比相同保费补贴比例强制性农业保险的扶贫人数增加112万人，农业保险的扶贫效果更加明显。

本章为制定精准扶贫政策提供了一些建议。原来农民没有参保时，资本水平在6.166（相当于年收入2675元/人）以下的个体一定会陷入贫困陷阱，而资本水平略高于6.166的个体可能会陷入贫困陷阱，并且随着资本水平的提高，破产概率相应降低。农民参保后（以50%补贴的市场性农业保险为例），则只有资本水平低于5.787（相当于年收入2511元/人）的个体才会陷入贫困陷阱。农业保险相当于帮助那些资本水平介于5.787和6.166之间的贫困农民"爬出"贫困陷阱。另外，农业保险还使得那些资本水平略高于6.166以上的贫困农民由原来的"可能陷入贫困陷阱"，跳到"一定不会陷入贫困陷阱"状态。在本章的研究框架里，这两部分贫困农民合计约有2295万人，占所有贫困人口的比例为28.7%。因此，政府应提高市场性农业保险保费补贴，以降低农民因自然灾害等不可预见因素导致的破产风险。

附录3-1　函数假设、参数假设与求解程序

一、函数假设

正文中假设个体根据其终身效用最大化进行农业生产决策，他们的效用函数 $u(\cdot)$ 为对数形式 $u(c_t) = ln(c_t)$；这一选择基于效用递减的经济学

基本原理，即个体在增加消费时的边际效用递减的假设符合农户的实际消费行为。此外，对数效用函数在经济学研究中广泛应用，能够在一定程度上简化求解过程，且能合理反映农户的决策模式。个体初始资本水平 k_0 服从区间 $[0.05,25]$ 上的均匀分布。这一设定是基于现实中农户在初始阶段资本水平的多样性。根据我国农村居民的收入和生产水平数据，农户的初始资本水平存在显著差异。将其假设为均匀分布，旨在模拟不同农户面对相似的外部环境但拥有不同生产资本的情况。具体区间的选取参考了中国农村经济的统计数据和发展经济学文献，符合我国农村地区的实际情况。其他有关参数赋值为：贴现因子 $\beta = 0.98$；各期资本 k_t 均以当期资本水平的 10% 进行折旧，资本折旧因子 $\delta = 0.1$。参数设定与现实生活中农户具有较高的当期消费倾向相符，且农业设备的折旧速度符合多数发展中国家农村地区的农业实践。

本章参照 Barrett, Carter and Ikegami（2013），假设生产函数 $f(\cdot)$ 具有如下形式：

$$f(A_t, k_t) = \begin{cases} f^H(A_t, k_t) = \alpha A_t k_t^{\gamma_H} - \underline{f} & k_t > \tilde{k} \\ f^L(A_t, k_t) = \alpha A_t k_t^{\gamma_L} & k_t \leq \tilde{k} \end{cases}$$

对参数进行假设：全技术水平 $\alpha = 1$；本章选取不同的边际产出弹性 $\gamma_L = 0.1$ 与 $\gamma_H = 0.5$ 来描述不同效率的生产技术，这一设定基于不同资本水平的农户在生产过程中采用的技术效率差异。低资本水平的农户往往依赖于劳动密集型的传统农业技术，因此其边际产出弹性较低；而高资本水平的农户可以采用现代化、资本密集型的高效生产技术，边际产出弹性较高。拥有高资本水平的个体将付出的固定成本 $\underline{f} = 1$；农户根据资本水平选择对应的生产技术并支付固定成本后（高资本水平的个体需要支付固定成本，低资本水平的个体无须支付），开始进行农业生产，他们面临着十年一遇的农业产出风险，即发生农业风险的概率设为 $1 - p = 0.1$；当农业风险发生时，农户的实际产出降至无风险时的 10%（$A^2 = 0.1$）。

在讨论强制性农业保险时，本章将政府补贴设定为农业保险保费的一定比例，即 $\eta = \{0\%, 50\%, 75\%, 100\%\}$。不同补贴水平能够反映政府在不同财政状况下对农业保险的支持力度，且这一设定能够有效模拟政府政策干预对农户的投保行为和资本动态的影响。

在讨论市场性农业保险时，假设市场为农户提供了多种保障水平（对应不同的投保比例）的农业保险产品，农户可以根据自身的实际需求选择不同的产品。保障水平按农户无风险农业产出 5% 依次递增，即 $\rho_t = \{0\%, 5\%, 10\%, \cdots, 95\%, 100\%\}$。这一假设是为了模拟市场中农户对农业保险需求的灵活性，不同农户的风险承受能力和投保意愿各异，因此提供分层投保比例的设定能够更好地反映现实情况。而政府保费补贴水平设定为 $\eta = \{0\%, 75\%\}$。

二、参数假设

具体的参数假设见附表 3-1。

附表 3-1　参数假设

符号	程序中标识	参数值
β	beta	0.98
δ	delta	0.1
α	alpha	1
γ_L	gammal	0.1
γ_H	gammah	0.5
$\underline{f}$	f	1
A^1	A1	1
A^2	A2	0.1
p	p1	0.9
$1-p$	p2	0.1
η	eta	0, 0.75
ρ_t	rho	0, 0.05, 0.1, $\cdots$, 0.95, 1

三、求解程序

(一) 无农业保险的多重均衡模型求解程序

1. 主程序

```
for k = 1:numits    %  numits = 250
    for j = 1:knum    %  knum = 2496
        kt = k0(j);
        %  k00 = 0.05, kgap = 0.01, kmax = kgap * (knum-1) + k00
        %  k0 = k00:kgap:kmax;
        At = A1;
        z = myfminbnd(@valfunnoninsure, k00, kmax-kgap/10, 0.0001);
        v1(j) = -valfunnoninsure(z);
        kt11(j) = z;    %  kt11 = k0
        At = A2;
        z = myfminbnd(@valfunnoninsure, k00, kmax-kgap/10, 0.0001);
        v2(j) = -valfunnoninsure(z);
        kt12(j) = z;    %  kt12 = k0
    vlast1 = v1;
    vlast2 = v2;
end
```

2. 值函数

```
function val = valfunnoninsure(x)
k = x;
n = floor((k-k00)/kgap) + 1;
g1 = (vlast1(n+1)-vlast1(n))/(k0(n+1)-k0(n)) * (k-k0(n)) + vlast1(n);
g2 = (vlast2(n+1)-vlast2(n))/(k0(n+1)-k0(n)) * (k-k0(n)) + vlast2(n);
```

```
if kt < = kmf    %  kmf = double(vpasolve(x^gammal-(x^gammah-f),x,1))
    cc = At * kt^gammal-k + (1-delta) * kt;
else
    cc = At * kt^gammah-f-k + (1-delta) * kt;
end
if cc < = 0.001
    val = log(0.001) + beta * (p1 * g1 + p2 * g2) + 200 * (cc-0.001);
else
    val = log(cc) + beta * (p1 * g1 + p2 * g2);
end
val = -val;
```

(二)强制性农业保险的多重均衡模型求解程序

1. 主程序

```
for j = 1:1:knum    %  knum = 2496
    eq1 = (A1 * ((k0(j)-(1-eta) * x)^gammal * -A2 * ((k0(j)-(1-eta) * x)^gammal) * p2-x;
    eq2 = ((A1 * ((k0(j)-(1-eta) * y)^gammah-f)-(A2 * ((k0(j)-(1-eta) * y)^gammah-f)) * p2-y;
    prel(j) = double(vpasolve(eq1,x,0.01));
    preh(j) = double(vpasolve(eq2,y,0.01));
    if k0(j)-(1-eta) * prel(j) < = kmf
        pre(j) = prel(j);
    else
        pre(j) = preh(j);
    end
end
for k = 1:numits    %  numits = 250
    for j = 1:knum
```

```
kt = k0(j);
% k00 = 0.05, kgap = 0.01, kmax = kgap * (knum-1) + k00
% k0 = k00:kgap:kmax;
At = A1;
m = (1-eta) * pre(j);
pi = pre(j)/p2;
z = myfminbnd(@valfuninsure, k00, kmax-kgap/10, 0.0001);
v1(j) = -valfuninsure(z);
kt11(j) = z;   % kt11 = k0
At = A2;
z = myfminbnd(@valfuninsurepi, k00, kmax-kgap/10, 0.0001);
v2(j) = -valfuninsurepi(z);
kt12(j) = z;   % kt12 = k0
        end
        vlast1 = v1;
        vlast2 = v2;
end
```

2. 值函数

未发生风险时：

```
function val = valfuninsure(x)
k = x;
n = floor((k-k00)/kgap) + 1;
g1 = (vlast1(n+1)-vlast1(n))/(k0(n+1)-k0(n)) * (k-k0(n)) + vlast1(n);
g2 = (vlast2(n+1)-vlast2(n))/(k0(n+1)-k0(n)) * (k-k0(n)) + vlast2(n);
if kt-m <= kmf    % kmf = double(vpasolve(x^gammal-(x^gammah-f), x, 1))
```

```
    cc = At * (kt-m)^gammal-k + (1-delta) * (kt-m);
else
    cc = At * (kt-m)^gammah-f-k + (1-delta) * (kt-m);
end
if cc <= 0.001
    val = log(0.001) + beta * (p1 * g1 + p2 * g2) + 200 * (cc-0.001);
else
    val = log(cc) + beta * (p1 * g1 + p2 * g2);
end
val = -val;
```

发生风险：

```
function val = valfuninsurepi(x)
k = x;
n = floor((k-k00)/kgap) + 1;
g1 = (vlast1(n+1)-vlast1(n))/(k0(n+1)-k0(n)) * (k-k0(n)) + vlast1(n);
g2 = (vlast2(n+1)-vlast2(n))/(k0(n+1)-k0(n)) * (k-k0(n)) + vlast2(n);
if kt-m <= kmf    %  kmf = double(vpasolve(x^gammal-(x^gammah-f), x, 1))
    cc = At * (kt-m)^gammal-k + (1-delta) * (kt-m) + pi;
else
    cc = At * (kt-m)^gammah-f-k + (1-delta) * (kt-m) + pi;
end
if cc <= 0.001
    val = log(0.001) + beta * (p1 * g1 + p2 * g2) + 200 * (cc-0.001);
else
    val = log(cc) + beta * (p1 * g1 + p2 * g2);
```

end

val = -val;

(三) 市场性农业保险的多重均衡模型求解程序

1. 主程序

```
for i = 1:rnum;    % rnum = 21
    for j = 1:1:knum    % knum = 2496
eq1 = (A1*((k0(j)-(1-eta(i))*x)^gammal*-A2*((k0(j)-(1-eta)*x)^gammal)*p2*rho(i)-x;
eq2 = ((A1*((k0(j)-(1-eta)*y)^gammah-f)-(A2*((k0(j)-(1-eta(i))*y)^gammah-f))*p2*rho(i)-y;
        prel(i,j) = double(vpasolve(eq1,x,0.0001));
        preh(i,j) = double(vpasolve(eq2,y,0.0001));
        if k0(j)-(1-eta(i))*prel(i,j) <= kmf
            pre(i,j) = prel(i,j);
        else
            pre(i,j) = preh(i,j);
        end
    end
end

for k = 1:numits    % numits = 250
    for j = 1:knum
        for i = 1:rnum
            kt = k0(j);
            %  k00 = 0.05, kgap = 0.01, kmax = kgap*(knum-1)+k00
            %  k0 = k00:kgap:kmax;
            At = A1;
            m = (1-eta(i))*pre(i,j);
            pi = pre(i,j)/p2;
```

```
z = myfminbnd( @ valfuninsure,k00,kmax-kgap/10,0.0001);
v1(j) = -valfuninsure(z);
kt11(j) = z;    %  kt11 = k0
At = A2;
z = myfminbnd( @ valfuninsurepi,k00,kmax-kgap/10,0.0001);
v2(j) = -valfuninsurepi(z);
kt12(j) = z;    %  kt12 = k0
vv = p1 * v1(j) + p2 * v2(j);
ifi = = 1
    vmax1(j) = v1(j);
    vmax2(j) = v2(j);
    ktmax1(j) = kt11(j);
    ktmax2(j) = kt12(j);
    I(j) = i;
elseif vv > = p1 * vmax1(j) + p2 * vmax2(j);
    vmax1(j) = v1(j);
    vmax2(j) = v2(j);
    ktmax1(j) = kt11(j);
    ktmax2(j) = kt12(j);
    I(j) = i;
                end
            end
        end
        vlast1 = vmax1;
        vlast2 = vmax2;
end
    kt11 = ktmax1;
    kt12 = ktmax2;
```

2. 值函数

未发生风险时：

```
function val = valfuninsure(x)
k = x;
n = floor((k-k00)/kgap)+1;
g1 = (vlast1(n+1)-vlast1(n))/(k0(n+1)-k0(n))*(k-k0(n))+vlast1(n);
g2 = (vlast2(n+1)-vlast2(n))/(k0(n+1)-k0(n))*(k-k0(n))+vlast2(n);
if kt-m <= kmf    % kmf = double(vpasolve(x^gammal-(x^gammah-f),x,1))
    cc = At*(kt-m)^gammal-k+(1-delta)*(kt-m);
else
    cc = At*(kt-m)^gammah-f-k+(1-delta)*(kt-m);
end
if cc <= 0.001
    val = log(0.001)+beta*(p1*g1+p2*g2)+200*(cc-0.001);
else
    val = log(cc)+beta*(p1*g1+p2*g2);
end
val = -val;
```

发生风险时：

```
function val = valfuninsurepi(x)
k = x;
n = floor((k-k00)/kgap)+1;
g1 = (vlast1(n+1)-vlast1(n))/(k0(n+1)-k0(n))*(k-k0(n))+vlast1(n);
g2 = (vlast2(n+1)-vlast2(n))/(k0(n+1)-k0(n))*(k-k0(n))+vlast2(n);
```

```
if kt-m <= kmf    %  kmf = double(vpasolve(x^gammal-(x^gammah-f),x,1))
    cc = At * (kt-m)^gammal-k + (1-delta) * (kt-m) + pi;
else
    cc = At * (kt-m)^gammah-f-k + (1-delta) * (kt-m) + pi;
end
if cc <= 0.001
    val = log(0.001) + beta * (p1 * g1 + p2 * g2) + 200 * (cc-0.001);
else
    val = log(cc) + beta * (p1 * g1 + p2 * g2);
end
val = -val;
```

附录 3–2 贫困人口的计算

一、参数设定

由于国家统计局仅公布了 2012 年以前的"农村居民按纯收入分组的户数占调查户比重",因此本章基于 2012 年的参数计算贫困人口。

根据国家统计局的数据,2012 年乡村人口数为 64222 万人;农村居民按纯收入分组的户数占调查户比重见附表 3–2。根据国家扶贫办的数据,2012 年的贫困标准为 2673 元。

附表 3–2　　　　农村居民按纯收入分组的户数占调查户比重

指标	2012 年
纯收入在 2000 元以下的户数占调查户比重（%）	5.6
纯收入在 2000—3000 元的户数占调查户比重（%）	7.4
纯收入在 3000—4000 元的户数占调查户比重（%）	9

续表

指标	2012 年
纯收入在 4000—5000 元的户数占调查户比重（%）	9.8
纯收入在 5000—6000 元的户数占调查户比重（%）	9.3
纯收入在 6000—7000 元的户数占调查户比重（%）	8.7
纯收入在 7000—8000 元的户数占调查户比重（%）	7.6
纯收入在 8000—9000 元的户数占调查户比重（%）	6.6
纯收入在 9000—10000 元的户数占调查户比重（%）	5.6
纯收入在 10000—11000 元的户数占调查户比重（%）	4.8
纯收入在 11000—12000 元的户数占调查户比重（%）	3.9
纯收入在 12000—13000 元的户数占调查户比重（%）	3.2
纯收入在 13000—14000 元的户数占调查户比重（%）	2.8
纯收入在 14000—15000 元的户数占调查户比重（%）	2.4
纯收入在 15000—16000 元的户数占调查户比重（%）	1.9
纯收入在 16000—17000 元的户数占调查户比重（%）	1.7
纯收入在 17000—18000 元的户数占调查户比重（%）	1.4
纯收入在 18000—19000 元的户数占调查户比重（%）	1.2
纯收入在 19000—20000 元的户数占调查户比重（%）	1
纯收入在 20000 元以上的户数占调查户比重（%）	6

二、贫困人口的计算过程

（一）农村居民按纯收入分组的户数分布拟合

根据附表 3 – 2 中数据，运用 Matlab 软件，用各种分布对其拟合，结果见附表 3 – 3。

附表 3 – 3　　农村居民按纯收入分组的户数分布拟合结果

	Log – likelihood	Chi – square	pr（0—2000）	pr（2000—3000）	pr（20000—）
Birnbaum – Saunders	7	5	5	7	3
Burr	1	1	4	3	1
Gamma	2	3	6	2	2
Inverse Gaussian	8	7	3	8	7
Log – Logistic	3	2	1	1	6
Lognormal	4	4	2	6	5
Nakagami	6	8	7	5	8
Weibull	5	6	8	4	4

从附表 3-3 可以看出，以 Log-likelihood、Chi-square 以及 20000 元以上农村居民比重为指标，Burr 分布的拟合效果最好；而以 0—2000、2000—3000 元农村居民比重为指标，Log-Logistic 分布的拟合效果最好（如附图 3-1 所示）。由于本章主要研究贫困人口情况，因此以 Log-Logistic 分布拟合农村居民按纯收入分组的户数分布，参数分别为 8.8404 和 0.4342，即：

$$N(k) \sim Log-Logistic(8.8404, 0.4342)$$

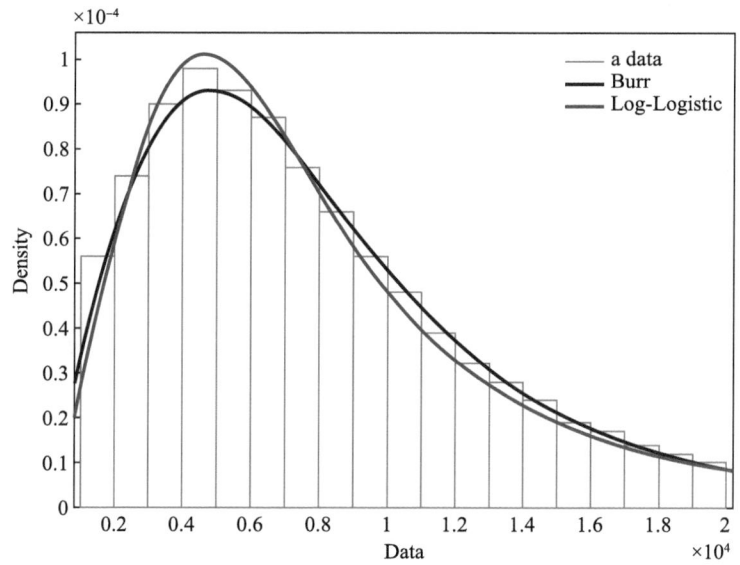

附图 3-1　农村居民按纯收入分组的户数分布拟合

（二）收入水平与资本的换算

在附图 3-1 中横坐标是农村居民年收入水平，书中以农村居民资本水平为研究对象，贫困人数的计算需将收入水平与文中资本水平对应。现实中，年收入水平低于 2673 元的农村居民被划分为贫困人口；书中资本水平低于 6.166 的居民被划分为贫困人口；因此，计算时将 6.166 与现实中的 2673 元对应，以此确定换算关系。

(三) 贫困人口的计算

$$贫困人数 = \int_0^\infty 64222 \times N(k) \times P_T(k)dk$$

其中：$P_T(y)$ 为 T 期内收入水平为 y 的个体处于显性贫困状态和潜在绝对贫困状态，又或者处于潜在相对贫困状态的概率。

第 4 章

农村小额保险防范农民陷贫返贫的效应研究

4.1 引　言

农村贫困问题一直是中国经济发展中的一项严峻考验，自改革开放以来，农村贫困人口共计减少了 7.4 亿人①，中国农村从普遍贫困走向整体消除绝对贫困阶段。

在彻底消除绝对贫困，开启"反贫困"工作新征程的关键阶段，国家"十三五"规划纲要提出全面扶贫攻坚的战略性目标，要求贯彻精准扶贫脱贫的基本方略，创新扶贫工作机制，加大全面扶贫攻坚力度。在脱贫攻坚纲领性文件《中共中央 国务院关于打赢脱贫攻坚战的决定》（中发〔2015〕34 号）中，对精准扶贫方略、脱贫攻坚支撑体系都进行了详尽论述，保险是其中的重要内容。但是现有保险政策和保险扶贫模式仍然面临

---

① 数据来源：《中国扶贫开发报告 2016》。

诸多问题，不能很好地对保险扶贫对象进行精准识别，不能很好地对保险产品进行精准设计，导致现有保险政策的扶贫效果有限。在中国，农村小额保险主要是由政府组织推动、保险公司经营，专门针对广大低收入农民群体设计的一种保险扶贫工具，具有保费低、保额小、周期短等特征，首批选择在山西、黑龙江、江西、河南、湖北、广西、四川、甘肃、青海等地区进行试点。保险作为一种风险管理工具，其"输血""造血"功能并不明显，并且保险保费对于穷人来说可能成为一种负担而加剧贫困。因此，保险是否真的有助于穷人摆脱贫困？小额保险与传统保险相比又有什么扶贫优势？

小额保险被认为是解决低收入人群风险和脆弱性的"一次革命性创新"。在过去15年中，类似于小额信贷的小额保险已经成为消除贫困和刺激增长的重要工具，有不少学者对小额保险展开了研究。Apostolakis et al.（2015）对这些文献进行了详细回顾。但是由于开始小额保险扶贫实践的时间不长，相关理论研究仍然欠缺。目前，大部分学者主要是通过行为心理学和实验经济学展开研究，研究内容也主要集中在小额保险市场需求和与近似产品的相关关系上，对小额保险的扶贫优势以及具体减贫效应仍然缺乏明确统一的共识。从研究方法上看，对传统保险的研究也主要采用理论模型、田野实验和调研数据实证分析等方法，其中借助理论模型探讨保险扶贫问题，多数学者是基于存在贫困陷阱这一强假设条件而展开研究的，如 Hamid et al.（2011）、Arunachalam and Shenoy（2017）、Chivers（2017）。本章结合前景理论和相对贫困的基本内涵有效地避开了这一强假设条件，并且与以往研究相比，本章建立的理论模型更加符合我国实际。

由于我国贫困人口主要集中在农村，对农村小额保险减贫效应进行研究就变得尤为重要。因此，本章将回答以下三个问题：

（1）传统保险以及小额保险是否具有减贫效应，并且哪种保险更具有扶贫优势？

（2）面对不同收入水平的个体如何做到精准扶贫，应该采用哪种扶贫模式？

(3) 面对绝对贫困和相对贫困这两种不同问题时，应该如何选择保险扶贫工具？

4.2 理论模型

考虑一个包含众多居民个体和政府部门的经济体，经济体中只生产一种产品，该产品可以用来消费和储存，个体的投入、产出和消费，以及政府部门的预算和支出均以此衡量。

4.2.1 个体

假设经济中每个个体都具有无限生命，在任意时期 t，他们都可能面临着自然灾害、疾病等随机事件的冲击。个体每期的状态可以用向量 s_t 表示：

$$s_t = \{k_t, m_t, \phi_t, h_t, A_t, m_t^d\}$$

其中：k_t 表示 t 时期持有的资本存量；m_t 表示 t 时期风险冲击带来的损失；ϕ_t 表示参与生产项目的类型，$\phi \in \{1,2,3\}$；h_t 表示 t 时期持有的保险类型；A_t 表示 t 时期单位有效劳动的生产率；m_t^d 表示 t 时期是否满足社会保险资格。

在每个时期个体通过选择生产项目和消费以最大化其一生的效用，由此，个体面临的问题可以表示为：

$$V(s_t) = \max_{c,\phi} u(c_t) + \mu E[V(s_{t+1})]$$

$$s.t. \begin{cases} \dfrac{k_{t+1}}{1+r} + c + [1 - \kappa(h_t, m_t^d)]m_t + p_t^h + I_t = (1-\tau)y_t + (1-\delta)k_t + Tr_t \\ k_{t+1} > 0 \end{cases}$$

(4-1)

其中：V 表示目标效用函数；$u(c_t)$ 表示当期的效用；μ 表示贴现因子；y_t 表示收入；c_t 表示消费；$\kappa(h_t, m_t^d)$ 表示 t 时期私人商业保险（传统保险、小额保险）或者社会保险的赔付比例；p_t^h 表示 t 时期的保费；r 表示利率；τ 表示收入的比例税率；I_t 表示 t 时期投资不同生产项目的固定成本；Tr_t 表示 t 时期政府的转移支付（最低生活保障）；h_t 表示 t 时期持有的保险类型，$h_t = 1$ 表示未持有任何商业保险，$h_t = 2$ 表示持有小额保险，$h_t = 3$ 表示持有传统保险。

参考 Agénor and Pierre – Richard（2015）的研究成果，假设生产函数具有以下形式：

$$\bar{y}_t = f(K_t^I, A_t l_t, k_t) = \left[\frac{K_t^I}{(K_t^p)^{\phi k} N_t^{\phi N}}\right]^{\alpha} (A_t l_t)^{\beta} (k_t)^{1-\beta} \quad (4-2)$$

其中：k_t 表示第 t 期在生产中的私人资本投入；l_t 表示第 t 期在生产中的劳动投入；K_t^p 表示第 t 期在生产中的总私人资本投入；N_t 表示第 t 期在生产中的总劳动投入；K_t^I 表示第 t 期在生产中的公共资本投入；参数 ϕK，$\phi N > 0, \alpha > 0, \beta \in (0,1)$。

考虑到产出受自然灾害、疾病等随机事件的影响，最终实际产出为：

$$y_t = e^{z_t} \bar{y}_t \quad (4-3)$$

其中：z_t 表示第 t 期风险冲击对收入的影响，且 $\{z_t\}_{t=0}^{\infty}$ 是独立同分布的。

根据（4 – 3）式，在时期 t 风险冲击带来的损失为：

$$m_t = (1 - e^{z_t}) \bar{y}_t \quad (4-4)$$

4.2.2 政府

在中国，政府部门提供的基础社会保障体系主要由社会救助和社会保险构成。因此，政府支出主要包含三部分：投资公共基础设施支出、最低生活保障（兜底保障）支出和社会保险支出，并且资金来源于对收入征收的比例税。

政府部门通过转移支付 Tr 提供最低生活保障 $\underline{c}_t$。

$$Tr = \max\{0, \underline{c}_t + [1 - \kappa(1, m_t^d)] m_t - y_t(1-\tau) - k_t\} \quad (4-5)$$

社会保险是帮助贫困家庭转移风险、应对冲击、降低不确定性的重要手段，实行规则如下：当在个体无私人商业保险的情况下，个体的收入和资产低于一定水平时,就满足了社会保险的要求,此时 $m_t^d = 1$。即如果满足 $y_t \leq \theta_{income}, k_t - m_t \leq \theta_{asset}$,并且 $h = 1$ 时,个体自动被纳入社会保险计划。

政府投资基础设施、提供最低生活保障和社会保险,分别对应征收的比例税税率为 τ_I, τ_c, τ_s,由此有 $\tau = \tau_I + \tau_c + \tau_s$。假设政府部门不能进行借贷,因此每期必须平衡预算约束:

$$K_t^I = \int \tau_I y_t d\Phi(s)$$

$$\int m_t^d \kappa(h_t, m_t^d) m_t d\Phi(s) = \int \tau_s y_t d\Phi(s)$$

$$\int Tr_t(s) \Phi(s) = \int \tau_c y_t d\Phi(s) \quad (4-6)$$

其中:个体分布通过 $\Phi(s)$ 进行描述。

4.2.3 私人保险市场

假设私人保险市场提供两种商业保险:传统保险和小额保险,根据期望原则定价,保费为:

$$p_t^{2,3} = (1 + \lambda_{2,3}) \kappa(, m_t^d) \frac{\int E m_t(s) I_{m_t} I_{h(s)} d\Phi(s)}{1 + r}, \forall m_t \quad (4-7)$$

其中:I_{m_t} 表示在第 t 期发生风险损失 m_t 的指示变量;λ_2 表示附加保费。

小额保险具有保额小、保费低、保险期限短的特征,本章以我国现有小额水稻收入保险为例,设定小额水稻收入保险的保额为每亩 1500 元,保费为保险额的 6%,并且参保后以九折理赔①。

4.2.4 基于前景理论的生产决策

生产过程中,假设可以选择三种不同类型的项目:机会驱动型项目、需求驱动型项目和安全型项目,投资不同类型的生产项目带来的技术进步和收益都存在差异。假设当期的生产技术水平不仅以 γ 的比例取决于上期

---

① 参考江苏、湖北和福建等多个省份的新型水稻保险试点的保单设定。

末技术水平,还取决于资本投入带来的技术进步。

$$A_{t+1} = \begin{cases} \gamma A_t + s_t, I_t = 0 \\ \gamma A_t + b_t, I_t = k_b \\ \gamma A_t + B_t, I_t = k_B \end{cases} \quad (4-8)$$

其中:I_t 表示参与项目的固定投资;B_t 表示因投资机会驱动型项目带来的技术进步,且 $\{B_t\}_{t=0}^{\infty}$ 是独立同分布的;b_t 表示因投资需求驱动型项目带来的技术进步,且 $\{b_t\}_{t=0}^{\infty}$ 是独立同分布的,有 $E(B_t) > E(b_t)$;s_t 表示从事安全型项目带来的技术进步,且 $\{s_t\}_{t=0}^{\infty}$ 是独立同分布的。

假设每个个体的偏好一致,存在一个相同的预期收入水平 y^*,当实际收入水平低于预期收入水平 y^* 时,会对个体产生一个额外的负价值。由此,我们将相对贫困定义为:在投资安全型项目时,个体收入水平低于预期收入水平(相对贫困标准线)的情况。我们认为处于贫困状态的个体无法参与机会驱动型项目,因此贫困个体和非贫困个体将面临不同的生产决策。Tversky et al.(1992)在 Bernoulli 的效用理论的基础上提出了期望效用理论的替代者——前景理论,通过建立参考点、价值函数和决策权重函数的价值模型来描述个体的行为决策。前景理论认为,人们一般更关心结果是有收益还是有损失,而不是结果的最后状态,并且收益和损失是相对于一个中立状态而言的,称此状态为参考点。如图 4-1 所示。

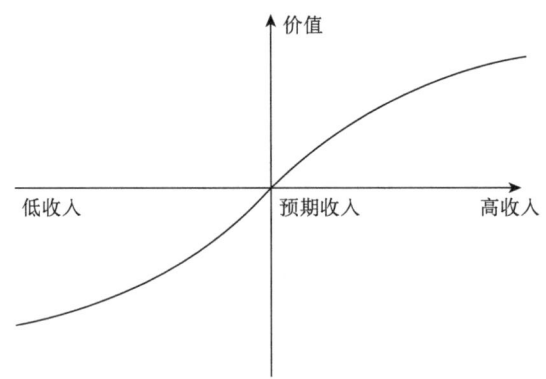

图 4-1 前景理论价值函数

根据前景理论，个体在面临结果不确定的生产决策中，将以预期收入水平y^*为参考点，当实际收入水平高于预期收入水平时，会产生一个额外的正价值；当实际收入水平低于预期收入水平时，会产生一个额外的负价值。参考 Chivers and David（2017）的研究成果，将生产决策的价值函数表述为：

$$U_t(y_t) = E(y_t - y^*) + \eta' p(y_t > y^*) - \eta p(y_t \leq y^*), \eta', \eta \geq 0 \quad (4-9)$$

其中：y^*表示预期收入水平；$p(y_t > y^*)$表示能达到预期收入水平的概率；$p(y_t \leq y^*)$表示不能达到预期收入水平的概率；η'表示达到预期收入水平产生的额外正价值；η表示不能达到预期收入水平产生的额外负价值。

由于贫困个体对实际收入低于预期收入表现敏感，简化模型：令$\eta' = 0$，即只考虑不能达到预期收入水平时的额外负价值。此时，生产决策的价值函数为：

$$U_t(y_t) = E(y_t - y^*) - \eta p(y_t \leq y^*), \eta \geq 0 \quad (4-10)$$

1. 非贫困个体生产决策

由于风险项目的产出是不确定的，更大的风险可能产生更高的收益，非贫困个体面临两种投资选择：投资机会驱动型项目和投资安全型项目。

假设个体将有效时间全部投入生产，根据（4-10）式，个体投资机会驱动型项目的价值具有不确定性，投资安全型项目的期望价值为：

$$U_{t|I_t=0} = y_{t|I_t=0} - y^*$$

假设存在一个生产技术进步的临界值$\bar{g}_t$，当$g_t > \bar{g}_t$时，个体将能达到预期收入水平；当$g_t < \bar{g}_t$时，个体将无法达到预期收入水平。由此可得：

$$\bar{g}_t = y_t^* \left[\frac{(K_t^p)^{\phi_k} N_t^{\phi_N}}{K_t^I}\right]^{\frac{\alpha}{\beta}} (K_t^{p,\cdot})^{\frac{\beta-1}{\beta}} - A_{t-1} \quad (4-11)$$

个体投资风险项目需要风险项目带来的价值高于投资安全项目带来的价值，即需要满足：

$$U_{t|I_t=k_B} > U_{t|I_t=0}$$

结合 (4-2) 式和 (4-11) 式整理得:

$$g_t > s'_t = s_t \left(\frac{K_t^{p,\cdot}}{K_t^{p,\cdot} - k_B}\right)^{\frac{1-\beta}{\beta}} + \left(\left(\frac{K_t^{p,\cdot}}{K_t^{p,\cdot} - k_B}\right)^{\frac{1-\beta}{\beta}} - 1\right) A_{t-1} \quad (4-12)$$

因此,当投资带来的技术进步 g_t 满足 $\overline{g}_t < s_t < s'_t < g_t$ 时,非贫困个体将投资机会驱动型项目。

2. 贫困个体生产决策

贫困个体投资需求驱动型项目可能会使贫困个体脱离贫困现状。根据前景理论,贫困个体在生产决策过程中会出现"反射效应"①。由此,假设贫困个体在投资需求驱动型项目时将忽视收入低于参考点带来的额外负价值。

贫困个体投资安全型项目的期望价值为:

$$U_{t \mid I_t = k_b} = y_{t \mid I_t = k_b} - y^* - \eta$$

当投资需求驱动型项目带来的价值高于投资安全型项目带来的价值时,有:

$$g_t > s''_t = \left\{(A_{t-1} + s_t)^\beta (K_t^{p,\cdot})^{1-\beta} - \eta \left[\frac{(K_t^p)^{\phi k} N_t^{\phi N}}{K_t^I}\right]^\alpha\right\}^{\frac{1}{\beta}} (K_t^{p,\cdot} - k_b)^{\frac{\beta-1}{\beta}} - A_{t-1}$$

$$(4-13)$$

因此,当 $s''_t < g_t$ 时,贫困个体将选择投资需求驱动型项目。

4.2.5 稳态均衡

对于稳态均衡可以给出以下定义:

稳态均衡是一系列的个人策略 $\{c,\phi\}_{t=0}^\infty$,个体分布 $\Phi(s)_{t=0}^\infty$,比例税率 $\{\tau_l,\tau_c,\tau_s\}_{t=0}^\infty$,成本 $\{r,k_b,k_B\}_{t=0}^\infty$,政府公共投资 $\{K_t^I\}_{t=0}^\infty$,最低消费保障 $\{\underline{c}_t\}_{t=0}^\infty$,社会保险 $\{m_t^d\}_{t=0}^\infty$,如此给定初始的资本存量 k_0 和劳动供给 l_0,个人实现效用最大化,政府实现预算平衡,经济中个体分布保持不变,$\Phi' = \Phi$。

---

① "反射效应":在确定的损失和"赌一把"之间作出抉择,多数人会选择"赌一把"。

4.3 数值分析及解释

4.2 节完成了本章模型的动态系统设计，本部分将在农村居民面临多种潜在风险的情况下，结合农村居民的收入分布情况，引入评价指标：陷贫概率，精准识别保险扶贫对象。并在此基础上，计算不同情景下不同收入水平个体的陷贫概率和预期贫困人数，进而对比分析小额保险和传统保险的减贫效应，以及含小额保险的不同扶贫工具的减贫效应。

本章对农村小额保险减贫效应的研究涉及四种基本情景，分别是：

（1）无保险：个体面临多种风险时未购买任何私人商业保险。

（2）有小额保险：个体选择单独购买小额保险。

（3）有传统保险：个体选择单独购买传统保险。

（4）"小额保险+信贷"：个体选择小额保险跟信贷有机结合的金融工具。

4.3.1 数据来源与参数校准

1. 数据来源

考虑到扶贫对象主要集中在农村地区，因此我们选择农村住户为研究对象。本章数据主要来源于1978—2014年的《中国统计年鉴》和2013年中国家庭收入调查（CHIP）数据，共包含11013户农村住户样本，剔除部分缺失数据和异常数据后，共有有效样本10027个。因为个体样本缺失2012年的可支配收入数据，因此本章选取了家庭可支配收入、为维持全家最低生活水平的预期收入和家庭成员数三个变量进行平均运算，得到每个家庭人均可支配收入和维持最低生活水平的预期人均收入，进而根据相对贫困的定义，得到了2753个贫困个体的样本和7274个非贫困个体的样本。

2. 生产函数参数估计

现有研究表明公共基础设施投资（如水利工程、交通工程）、私人资本投入以及劳动投入都会影响农业产出水平（Mogues, Fan and Benin, 2015；贾俊雪，2017），参考 Agénor and Pierre – Richard（2015）的研究成果，设定生产函数如（4 – 2）式。对生产函数取自然对数后得到如下模型：

$$\ln \bar{y}_t = \alpha \ln Q_t + \beta \ln A_t\, l_t + (1 - \beta) \ln k_t^p \qquad (4-14)$$

其中：$Q_t = \dfrac{K_t^I}{(K_t^p)^{\phi_k} N_t^{\phi_N}}$。

为了估计模型（4 – 14），本章基于 1978—2013 年的国家财政人均"三农"支出数据①，选取了农民人均生产性支出和人均公共投资与私人投资的比值对农民人均可支配收入进行回归分析（约束回归），回归结果如表 4 – 1 所示。

表 4 – 1　　　　　　　　生产函数的回归结果

解释变量	估计值	标准误	T 统计量	P 值
$\ln Q_t$	0.1275	0.0680	1.8700	0.0700 **
$\ln k_t^p$	0.7382	0.0798	9.2500	0 ***
cons	2.4767	0.1734	14.2800	0 ***

注：** 和 *** 分别表示系数在 5% 和 1% 的置信水平上显著。

根据回归结果，个体的生产函数为：

$$\ln \bar{y}_t = 0.1275 \ln Q_t + 0.2618 \ln A_t + 0.7382 \ln k_t^p \qquad (4-15)$$

同时，通过检验发现个体生产函数能很好地反映 2014—2017 年的实际情况。由此，本章设定初始有效劳动人均产出为 $A_0 = 12480$ 元。

3. 技术进步参数估计

在考虑个体生产决策时，本章基于农村住户样本数据，将 2013 年全

---

① 从 2007 年起，因制度调整，国家财政"三农"支出口径与往年不同，因此本章支农支出仅为中央财政用于"三农"的支出。

第4章 农村小额保险防范农民陷贫返贫的效应研究

国农村人均可支配收入增长率、贫困个体可支配收入增长率和非贫困个体可支配收入增长率分别设定为投资安全型项目、投资需求驱动型项目和投资机会驱动型项目时的当期技术进步水平。贫困个体可支配收入增长可以用 $g_t : t\ Location - Scale(0.0908, 0.0799, 1.6066)$ 分布拟合，非贫困个体可支配收入增长率可以用 $g'_t : t\ Location - Scale(0.0966, 0.0842, 1.5139)$ 分布拟合，并且在5%显著性水平下，K-S 检验的 P 值大于 0.05，分布拟合效果非常理想。如图 4-2 所示。

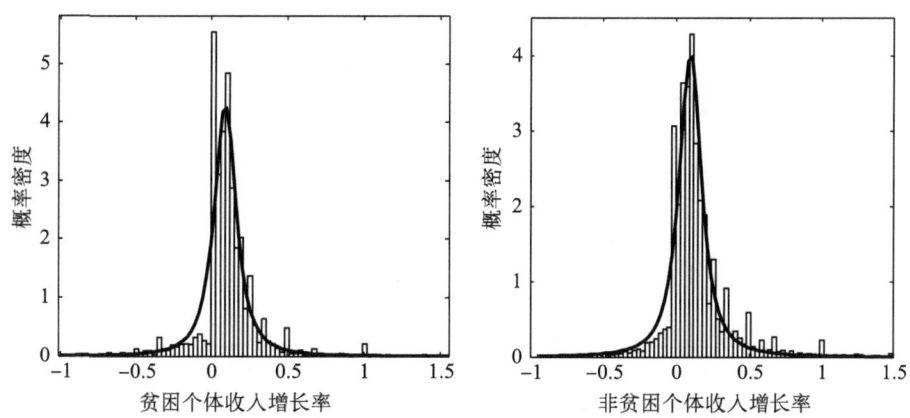

图 4-2 收入增长率的核密估计

4. 其他参数设定

对收入状况不同的个体，小额保险的减贫效应可能存在差异，假设个体的初始资本水平 k_0 服从区间 [0,150000] 上的均匀分布；参考 Bai et al. (2006) 的研究成果，设定各期资本 k_t 均以当期资本水平的 10% 进行折旧，资本折旧率 $\delta = 0.1$；个体子效用函数 $u(\cdot)$ 为对数形式，$u(c_t) = ln(c_t)$[①]；贴现因子 $\mu = 0.98$。参照 Arunachalam and Shenoy (2017) 对产出风险冲击的假设，我们设定个体在生产过程中风险不发生的概率为 $p_1 = 0.9$，此时 $z_t = 1$；风险发生的概率是 $p_2 = 0.1$，此时 $z_t = 0.5$。结合我国实际情况，这

[①] 从本书研究角度，效用函数只要满足良好的性质，以使模型收敛性得到保证即可。本章为减少外生参数假设，并参考 Laajaj R. (2017) 在研究中所使用的对数效用函数假设。

里设定个人收入的比例税税率 $\tau = 3\%$；农村低保标准为每人每年 4301 元[①]，由此设定最低生活保障 $\underline{c} = 4301$。根据 2013 年国家财政"三农"支出的情况[②]，我们设定财政用于公共基础设施投资、最低生活保障（兜底保障）和社会保险的支出比例为 4:2:4，即有 $\tau_I = 1.2\%$，$\tau_c = 0.6\%$，$\tau_s = 1.2\%$。为避免结论的偶然性，本章将在敏感性分析中进一步讨论外部性参数带来的影响。总结上述结果，数值模拟的参数取值如表 4-2 所示。

表 4-2　　　　　　　　数值模拟的参数取值

参数	取值	参数	取值
α	0.1275	z_t	0.1, 0.5
β	0.2618	τ	0.0300
A_0	12840	τ_I	0.0120
δ	0.1000	τ_c	0.0060
μ	0.9800	τ_s	0.0120
P_1	0.9000	y^*	23269
P_2	0.1000	$\underline{c}$	4301

4.3.2　模拟结果分析

1. 扶贫对象精准识别

图 4-3 展示了不同初始资本水平个体在均衡状态时的跨期资本动态。由图 4-3 可以发现，在无风险的确定环境下，如果初始资本水平低于 B 点所示资本水平，个体将会在 A 点达到稳态均衡（低均衡）；如果初始资本水平高于 B 点所示资本水平，个体将会在 C 点达到稳态均衡（高均衡）。图中低稳态均衡点 A、非稳定均衡点 B 和高稳态均衡点 C 分别对应了收入曲线上的 A、D、E 三点。即当初始收入水平低于 D 点所示收入水平时，个体将收敛至低收入稳态均衡；当初始收入水平高于 D 点所示收入水平时，个体将收敛至高收入稳态均衡。

---

① 数据来源于 2018 年 4 月 25 日民政部的新闻发布会。
② 数据来源于中华人民共和国财政部官方信息《财政支持"三农"情况》。

第4章 农村小额保险防范农民陷贫返贫的效应研究

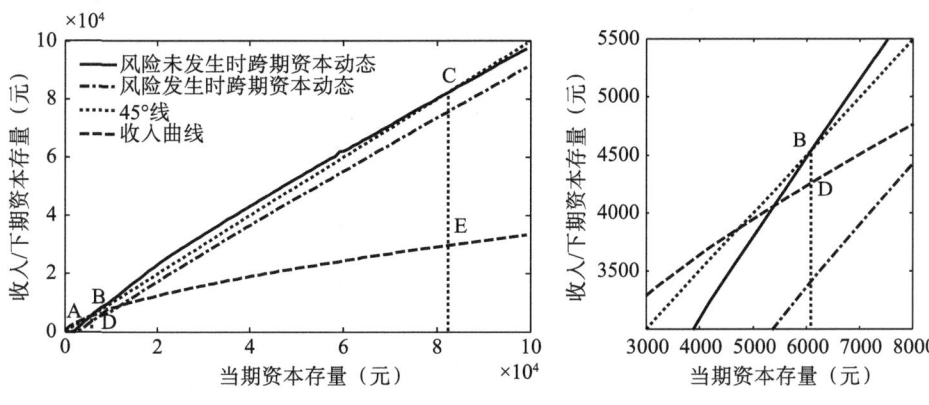

图 4-3 收入和跨期资本动态

基于研究主题，本章约定低均衡收入水平（图中 A 点）低于贫困线标准，则收敛至低均衡收入水平的个体为绝对贫困个体，即图中 D 点对应的收入水平 3805 元为绝对贫困线标准（世界贫困线标准为 4230 元[①]）。同时，考虑到居民的预期收入水平会随着实际收入增加而增加，并且依据"羊群效用"[②]，不失合理性地设定低于高均衡收入水平的个体为相对贫困个体，即图中 E 点对应的收入水平 26027 元为相对贫困线标准（调研得到相对贫困线标准约为 23629 元[③]）。因此，定义 T 期内初始收入水平为 y_0 的个体跌入贫困的概率（陷贫概率）是在任意时间收入水平小于临界收入水平（贫困线标准）的概率，即：

$$P_T(y_0) = Pr\{\bigcup_{t=0}^{T}\{y_t < \tilde{y}\}\} \quad (4-16)$$

在现实生活中，农村居民面临多种风险（如资产损失风险、农业产出损失风险和健康风险）冲击，并不是所有初始收入水平高于贫困线标准的个体一定会收敛至高水平均衡，他们也可能因为风险冲击而跌入贫困。对应于图 4-3，不同初始收入水平个体的陷贫概率如图 4-4 所示。

---

① 按照世界银行报告《消除绝对贫困、共享繁荣——进展与政策》中提出的贫困线标准换算后约为 4230 元。
② 描述经济个体的从众跟风心理。
③ 数据来源于 2013 年中国家庭收入调查（CHIP）数据。

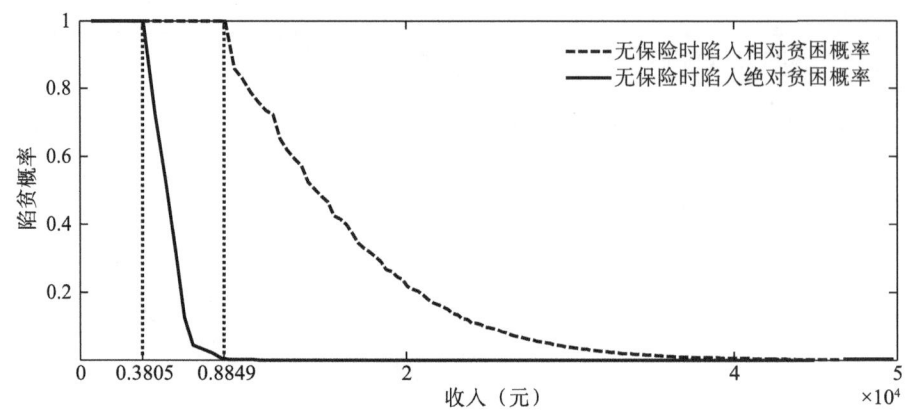

图4-4 不同初始收入水平个体的陷贫概率①

由图4-4可以发现，由于风险冲击的存在，初始收入水平高于贫困线（绝对贫困线、相对贫困线）标准的个体也可能陷入贫困状态，且收入水平越高，陷贫概率越低。初始收入水平低于3805元的个体陷入绝对贫困的概率为1；初始收入水平在3805—8849元之间的个体仍然有一定的概率可能陷入绝对贫困；同样初始收入水平高于8849元的个体也不一定能收敛至高水平均衡，相对贫困也会一直存在。

由上述分析可知，风险冲击仅仅是导致农村贫困的重要原因之一，不同初始收入水平的个体将面临不同的贫困状况。因此，本章从精准扶贫的内涵出发，将贫困人群面临的贫困现状划分为三种类型：显性贫困、潜在绝对贫困和潜在相对贫困。其中，显性贫困是指初始收入水平低于绝对贫困标准线的情况，认为是深度贫困；潜在绝对贫困是指初始收入水平高于绝对贫困标准线但仍有可能陷入显性贫困的情况；潜在相对贫困是指不会陷入绝对贫困但又有可能陷入相对贫困的情况。详细情况如图4-5所示。初始收入水平在0—3805元之间的个体处于显性贫困状态；初始收入水平在3805—8849元之间的个体处于潜在绝对贫困状态，初始收入水平在8849—44714元之间的个体处于潜在相对贫困状态。在现实生活中，潜在贫困往往被忽视，本章在研究农村小额保险减贫效应过程中，将潜在贫困

---

① 这里将期限定义为300期。即不同初始收入的个体在300期内跌入贫困的概率。

纳入研究范围更具有合理性。

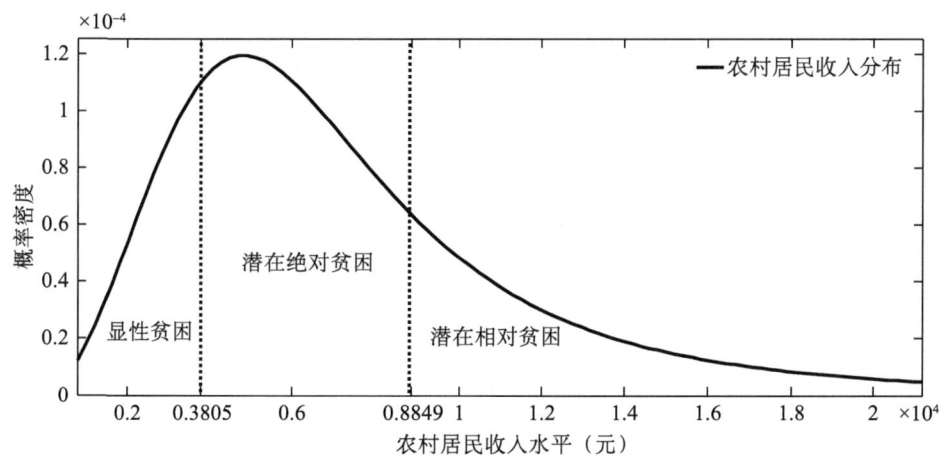

图 4-5 扶贫对象精准识别①

2. 不同类型保险的减贫效应

图 4-6 展示了不同保险类型对不同初始收入水平个体陷贫概率的影响。

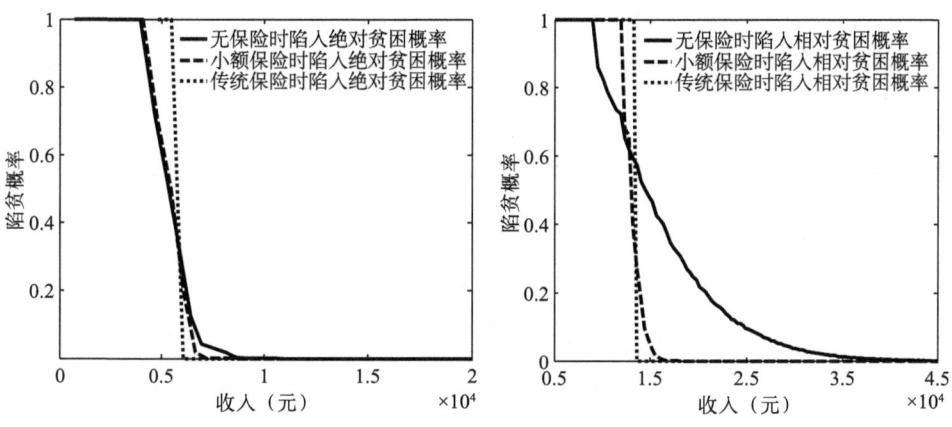

图 4-6 不同保险类型对不同初始收入水平个体陷贫概率的影响

---

① 农村居民收入分布拟合见附录 3-2。

由图 4-6 可知，采用无补贴的保险无法单独解决深度贫困问题，原本处于显性贫困的个体将会继续处于贫困状态。此外，由于收缴保费，保险会恶化部分人群的贫困状况，使初始收入水平略高于绝对贫困标准线（相对贫困标准线）个体陷入绝对贫困（相对贫困）的概率上升为 1，但同时保险又会改善相对较为富有个体的贫困状况，使他们的陷贫概率大幅度下降，即解决了潜在贫困问题。对比传统保险，小额保险低保费的特征有助于缓解部分人群贫因保费导致的贫困状况恶化，对应于图 4-6，其二者减贫效应对比的详情如表 4-3 所示。

表 4-3　　　　不同类型保险对个体稳态收入和贫困人数的影响

保险类型	低收入稳态均衡（元）	临界收入水平（元）	高收入稳态均衡（元）	显性贫困人数（万人）	潜在绝对贫困人数（万人）	相对贫困人数（万人）
无保险	0	3805	26027	13000	11470	56135
小额保险	0	3858	24877	13038	8480	47647
传统保险	0	4320	23428	26395	0	38311

注：①贫困人数计算过程见附录 3-2；②相对贫困人数为显性贫困人数、潜在绝对贫困人数和潜在相对贫困人数的总和。

由表 4-3 可知，小额保险和传统保险都会使个体陷入绝对贫困的阈值（绝对贫困标准线）升高。同时，由于缴纳保费，用于生产的资本投入减少，高均衡收入水平会下降。此外，结合不同初始收入水平个体的陷贫概率、中国 2012 年"农村居民按纯收入分组的户数占调查户比重"和 2012 年乡村人口数，可计算到预期贫困人口数量。其结果显示：在基础情况（无保险）下，2012 年中国预计处于显性贫困状态的人口为 13000 万人，与中国科学院发布数据相近[①]，处于绝对贫困状态的人口 24470 万人，处于相对贫困状态的人口为 56135 万人；对比发现，小额保险会导致显性贫困人数小幅上升，潜在绝对贫困人数和潜在相对贫困人数大幅下降；传

---

① 中国科学院发布的《2012 中国可持续发展战略报告》估计中国贫困人数为 1.28 亿人。

第4章 农村小额保险防范农民陷贫返贫的效应研究

统保险会导致显性贫困人数增加明显，但是能减少全部的潜在绝对贫困和大量的相对贫困。总体来看，相比基础情况（无保险），小额保险减少了绝对贫困人数 2952 万人，减少了相对贫困人数 8488 万人；传统保险增加了绝对贫困人数 1925 万人，减少了相对贫困人数 17824 万人。小额保险在减少绝对贫困上表现出优越性，传统保险在减少潜在相对贫困上更具优势。

3. 含小额保险的不同扶贫工具的减贫效应

根据上述分析可知，单独的保险工具无法解决深度贫困（显性贫困）问题，原本处于显性贫困的个体，将会继续处于显性贫困状态。因此，在现实生活中，小额保险往往配合金融工具一起使用，其中，"小额保险+信贷"是一种重要的金融扶贫创新模式。本章对比分析了小额保险和"小额保险+信贷"模式的扶贫效果（理论模型见附录4-1），如图4-7所示。结果表明："小额保险+信贷"模式能降低使个体陷入绝对贫困的阈值（绝对贫困标准线），缓解部分显性贫困，实现对深度贫困的帮扶，并且相比于单独购买小额保险，在提高高均衡收入水平的同时，潜在绝对贫困人数和潜在相对贫困人数也将下降。

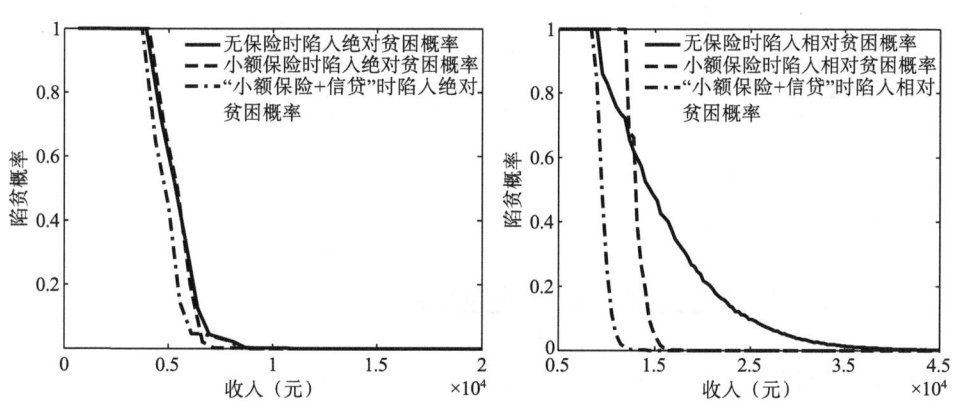

图 4-7 不同扶贫工具对不同初始资本水平个体陷贫概率的影响

由于农村贫困群体普遍缺少信贷保证物，导致信贷机构无法放贷，造成了农户贷款难和信贷机构放款难的普遍现象。"小额保险+信贷"模式以小额保险为增信手段,在提高风险抵御能力的基础上提供抵押担保,从而使得被增信的一方不仅能够有效防范风险和减少损失,还可以获得贷款资金,以此实现深度扶贫。

表4-4计算了在有小额保险和"小额保险+信贷"这两种情景下的预期贫困人数,结果表明:"小额保险+信贷"扶贫模式能大幅减少绝对贫困人数和相对贫困人数,更具有扶贫优势。保险工具和信贷工具有机结合,既能解决资本问题又能解决风险管理问题,以此发挥最大扶贫效应。

表4-4 不同扶贫工具的减贫效应

三种情景	绝对贫困人数（万人）	与基础情况相比绝对贫困人数的增减（万人）	相对贫困人数（万人）	与基础情况相比相对贫困人数的增减（万人）
无保险	24470	—	56135	—
小额保险	21518	-2952	47647	-8488
"小额保险+信贷"	16144	-8326	24471	-31664

注:①贫困人数计算过程见附录3-2;②"—"为基础情景下的参照组。

4.4 敏感性分析

4.4.1 不同比例税率对减贫效应的影响

税收是收入再分配的重要工具,政府部门征收收入比例税将直接影响农村居民的可支配收入,进而影响政府部门在公共基础设施、最低消费保障和社会保险上的支出水平,同时政府部门支出又将反作用于农村居民的可支配收入。因此,收入的比例税率发生变化会影响处于贫困状态的人数,但在不同比例税率情况下,农村小额保险的减贫效应并未发生改变,与前文分析结论一致，表 4-5 对此进行了充分说明。

表 4-5　　　　　　　不同比例税率对减贫效应的影响

比例税率（%）		绝对贫困人数（万人）	与基础情况相比绝对贫困人数的增减（万人）	相对贫困人数（万人）	与基础情况相比相对贫困人数的增减（万人）
无保险	$\tau=0.01$	24884	+414	51287	-4848
	$\tau=0.03$	24470	—	56135	—
	$\tau=0.05$	24291	-179	60837	+4702
小额保险	$\tau=0.01$	22905	+1387	47655	+8
	$\tau=0.03$	21518	—	47647	—
	$\tau=0.05$	21902	+384	47665	+18

注：①贫困人数计算过程见附录 3-2；②"—"为基础情景下的参照组。

表 4-5 显示，在无小额保险的情况下，比例税率提高，陷入绝对贫困状态的人数会有所下降，原因在于比例税率提高直接减少了农村居民的可支配收入，但同时增加了政府用于"三农"的支出，二者作用相反，最终将导致农村居民可支配收入小幅的增长；在有小额保险的情况下，比例税率提高超过一定水平时，会加剧农村居民的经济负担，可支付收入直接减少的负效用将起主导作用。此外，比例税率提高，更明显地降低了较高收入群体的可支配收入水平，处于相对贫困状态的人数将增加，但由此也表明税收作为收入再分配的重要工具，有利于减小农村居民的贫富差距。

4.4.2　不同政府支出对减贫效应的影响

政府部门改变在公共基础设施和社会保险上的支出水平将影响处于贫困状态的人数。投资公共基础设施的支出增加，农村居民的边际产出将增加，绝对贫困人数将减少，并且同时会提高高稳态均衡的收入水平，有利于避免"中等收入陷阱"，潜在相对贫困人数也将会有所减少。增加在社会保险上的支出，有助于在一定程度上减少绝对贫困人数和相对贫困人数，尤其是在减少绝对贫困人数上的作用比较明显，但对商业小额保险也存在一定程度的挤出效应。因此，同样可以发现，改变政府支出有关参数的设定，对农村小额保险的减贫效应并未产生明显影响，本章的研究结论仍然是稳健的。不同政府支出对减贫效应的影响如表4-6所示。

表4-6　　　　　　　不同政府支出对减贫效应的影响

政府项目对应税率		绝对贫困人数（万人）	与基础情况相比绝对贫困人数的增减（万人）	相对贫困人数（万人）	与基础情况相比相对贫困人数的增减（万人）
无保险	$\tau_l = 0.012$	24470	—	56135	—
	$\tau_l = 0.024$	24080	-390	55624	-511
	$\tau_l = 0.036$	23919	-551	55312	-825
	$\tau_s = 0$	28170	+3700	60413	+5388
	$\tau_s = 0.012$	24470	—	56135	—
	$\tau_s = 0.036$	23577	-893	55025	-1110
小额保险	$\tau_l = 0.012$	21518	—	47647	—
	$\tau_l = 0.024$	21035	-483	40160	-7487
	$\tau_l = 0.036$	20445	-1073	37454	-10193
	$\tau_s = 0$	26947	+5429	47652	+5
	$\tau_s = 0.012$	21518	—	47647	—
	$\tau_s = 0.036$	20924	-594	47569	-78

注：①贫困人数计算过程见附录3-2；②"—"为基本情景下的参照组；③政府提供最低生活保障（兜底保障）的额度取决于当地物价和经济发展水平，因此不在此进行讨论。

4.5　本章小结

"反贫困"是许多发展中国家的重要战略目标之一。中国作为世界上人口最多的发展中国家，由于历史、地域、经济等因素，仍然存在大量的贫困人口，如何使贫困人口迅速摆脱贫困是一个项任重道远的历史任务。本章基于前景理论和贫困内涵，讨论了小额保险的减贫效应，以及扶贫对象精准识别、扶贫模式选择等问题，可以得到以下四点结论：

第一，由于农村不同收入水平个体陷入贫困的原因存在差异，保险最大的扶贫意义是消除潜在贫困；对于显性贫困，保险单独的扶贫作用有限。因此，可以将农村贫困现状分为三类：显性贫困、潜在绝对贫困和潜在相对贫困。研究发现，对收入水平存在差异的农村个体，不同保险扶贫工具减贫效应不同。

第二，传统保险和小额保险都会导致显性贫困人数增加，但相比于小额保险，传统保险的保费对处于绝对贫困状态的人群来说明显是一种经济负担，不仅会导致显性贫困人数增加，还会导致绝对贫困总人数增加。对比来看，小额保险能有效减少绝对贫困人数，但若想缓解相对贫困，传统保险更具有优势，也就是说，传统保险更适合收入水平相对更高的人群。

第三，处于显性贫困状态的农村个体表现出明显的流动性约束，单独的保险工具无法解决此类深度贫困问题，现有的"小额保险＋信贷"（如小额信贷保证保险、农业保险保单质押）扶贫模式能有效地缓解显性贫困。"小额保险＋信贷"作为金融扶贫的一种创新模式，无论是在减少绝对贫困还是在减少相对贫困上都表现出明显的优势。

第四，政府提高比例税率在一定程度上能缓解贫困，但存在一个阈值，当收入的比例税率超过阈值时，居民的可支配收入会明显减少，并且提高税率，有利于更加贫困的个体摆脱贫困现状。政府增加基础设施投入支出和社会保险支出，都有利于贫困个体摆脱贫困，但是社会保险会对小额保险存在挤出效应。

基于以上研究结论，本章认为在制定保险扶贫政策时，要精准识别扶贫对象，对不同收入水平的贫困群体采取不同的保险扶贫工具。同时，鉴于农村居民面临多种形式的风险冲击，具有不同的风险偏好态度，保险产品应该满足不同人群在风险保障层次、风险保障程度上的不同需求。因此，既要精准识别扶贫对象，又要对保险产品进行优化设计，为保险扶贫提供精准的产品体系。此外，缓解贫困人群流动性约束，增强贫困人群风险抵御能力，提高贫困人群的保险购买意愿，是发展保险扶贫的关键，与此同时，应该积极发展和创新金融扶贫模式，结合小额保险与其他金融或政策工具的优势，发挥最优扶贫效果，保证保险扶贫可循环、可持续。

附录 4-1 "小额保险 + 信贷" 理论模型

在"小额保险 + 信贷"的扶贫模式下，假设个体贷款金额为 M，还款年限为 n，并且根据等额本金的还款方式还款。此时，个体追求终生效用最大化的函数模型发生了改变，面临的问题可以表示为：

$$V(s_t) = \max_{c,\phi} u(c_t) + \mu E[V(s_{t+1})]$$

$$s.t \begin{cases} \dfrac{k_{t+1}}{1+r} + c + (1-\kappa(h_t, m_t^d))m_t + p_t^h + I_t + \dfrac{M}{n} + Mr = (1-\tau)e^{z_t}f(,,k_t+M) + \\ \quad (1-\delta)(k_t+M) + Tr, t=0 \\ \dfrac{k_{t+1}}{1+r} + c + (1-\kappa(h_t, m_t^d))m_t + p_t^h + I_t + \dfrac{M}{n} + \dfrac{n-t}{n}Mr = (1-\tau)e^{z_t}f(,,k_t) + \\ \quad (1-\delta)(k_t+M) + Tr, 0 < t \leq n \\ \dfrac{k_{t+1}}{1+r} + c + (1-\kappa(h_t, m_t^d))m_t + p_t^h + I_t = (1-\tau)e^{z_t}f(,,k_t) + (1-\delta)k_t + \\ \quad Tr, t > n \\ k_{t+1} > 0 \end{cases}$$

"小额保险 + 信贷"理论模型其他部分内容同正文一致。

第 5 章

信贷、保险、"信贷+保险"防范农民陷贫返贫的扶贫效果比较研究

5.1 引言

改革开放以来,我国扶贫攻坚取得了举世瞩目的成就。我国农村贫困发生率已经由解放初期的 97% 下降到 6% 左右。但是在取得巨大成就的同时,我国脱贫攻坚形势依然严峻。在我国 14 个集中连片特困地区,贫困人口大量聚集,由此带来整体性、集中性、绝对性的深度贫困。在深度贫困地区,精准扶贫需要与区域发展协同运作,不仅要着力解决深度贫困地区基础设施和公共资源的制约性问题,也需要深入寻找特困地区脱贫内生动力不足的根源,例如,人力资本匮乏、缺乏可持续的资金保障机制等。所以,对于深度贫困地区的精准扶贫需要瞄准区域经济发展的瓶颈、推进社会资源的整合,以达到均衡可持续发展的目的。农村金融是减贫脱贫的"助推器",是扶贫的主力军,要啃下深度贫困的"硬骨头",就必须施展

金融在扶贫中的主导作用。

农村金融作为推动农村经济发展、增加农民收入的资本要素，是经济发展最为重要的内生动力。发展农村金融需要强大的信贷资金支持。信贷扶贫具有一系列特点，例如，严格瞄准贫困人口、整贷零还、不需要担保、小组联保制等，有效地保证小额贷款发放到穷人手中。信贷扶贫起源于 20 世纪 70 年代，其作为一种新型扶贫模式，已经在一些国家取得了成功，尤其以孟加拉国的乡村银行模式为代表。近年来，我国在河北易县、陕西商洛和安康、四川阆中、山西吕梁等地也开展了一系列信贷扶贫试点项目，取得了一定的实践经验。

保险不仅是风险管理的有效手段，而且是一个重要的扶贫工具，直接面向最广大的弱势群体。保险和扶贫具有天然的联系，贫困家庭在缺乏保险的情况下面临着很大的财务不确定性。发展针对贫困家庭的保险，有助于提升其管理风险和抵御风险的能力，从而降低贫困家庭面对不确定风险时陷入深度贫困的可能性。

同时，保险可以精准对接脱贫攻坚的多元化需求，能解决扶贫过程中遇到的信贷增信等问题，进一步发挥扶贫职能。由于我国农村贫困群体普遍缺少信贷保证物，导致信贷机构无法放贷，造成了农户贷款难和信贷机构放款难的普遍现象。为了提高农户的借贷能力，解决深度贫困地区的资产积累与风险控制问题，必须将信贷工具与保险工具进行结合，建立"信贷+保险"模式的创新扶贫增信体系。创新扶贫增信体系以小额贷款保证保险为核心，在提高风险抵御能力的基础上提供抵押担保，从而使得被增信的一方不仅能够有效防范风险和减少损失，还可以获得贷款资金，以此实现深度扶贫。当前，我国积极建设这种"信贷+保险"模式，本质上正逐步实现政银保合作制度、信用制度、风险防范制度等制度的建设。

然而，我国目前的"信贷+保险"模式仍处于发展初期，尽管已经取得了一定成效，但该模式没有有效解决深度贫困问题，仍面临着各种因素的制约，如农户参保意识薄弱、产品和服务体系不完善、相关法律制度不完善以及政府扶持力度不够等。究其原因，仍在于政策制定与实施过程中不能够实现精准识别、精准帮扶、精准支持，导致政策主体缺位，扶贫资金管理绩效不足等问题。因此，进一步讨论扶贫增信体系的协同机制"信贷＋保险"模式，通过对信贷作用下的保险扶贫与风险管理功能的比较，得出我国"信贷＋保险"制度设计的优化方向。在精准扶贫视角下对深度贫困地区的"信贷＋保险"扶贫增信体系进行深入探讨，既具有理论体系上的研究意义，同时也能为"信贷＋保险"的政策实践提供参考价值。

信贷、保险、"信贷＋保险"都是我国农村金融扶贫的助推器，但是扶贫的效果有所不同：信贷可以为农业提供资金支持，保险可以对农业风险进行管理，"信贷＋保险"不但可以解决农民资金难的问题，也可以对农业生产带来的风险进行管理。已有文献虽然从多个角度深入研究了三种金融工具的扶贫效果，但是未完全回答何种金融工具的扶贫效果更好、如何设计扶贫效果更好的金融工具等问题。本章建立多重均衡模型，运用数值模拟的方法，对三种金融工具的扶贫效果进行量化对比研究，讨论具有最优扶贫效果的金融产品形态。

5.2　模型

延续第三章建立的模型，参考 Chantarat and Barrett（2012）、Barrett et al.（2013）的研究成果，本章建立带有风险和保险的多重均衡分析框架。一些学者通过设定不同的状态突变来建立不同的多重均衡模型，例如，技术突变（Murphy et al.，1989）、克服固定投入成本的新技术应用（Chantarat and Barrett，2012）、就业差异（Dasgupta and Ray，1987）等。图 5-1 展示了一般均衡和多重均衡的对比（彭方平等，2007）。

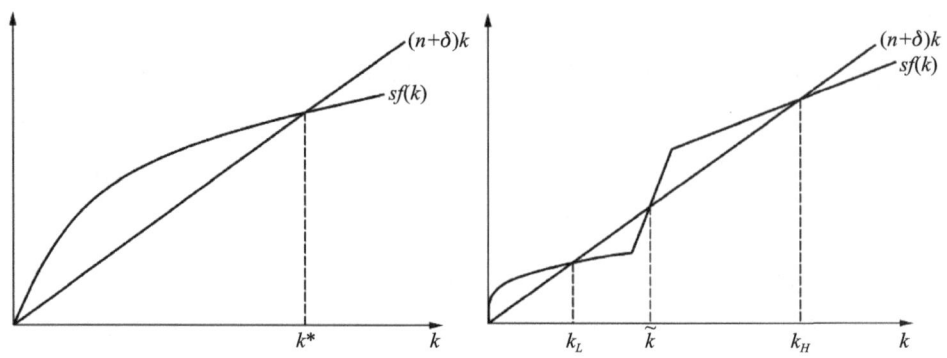

图 5-1 一般均衡和多重均衡的对比

图 5-1 显示，一般均衡中（左图），无论初始资本处于什么水平，最终经济系统都将到达均衡点 k^*。多重均衡中（右图），如果初始资本低于 $\tilde{k}$，经济系统将在 k_L 达到均衡（低均衡）；如果初始资本高于 $\tilde{k}$，经济系统将在 k_H 达到均衡（高均衡）。

本章考虑一个可以无限生存、具有代表性的个体，在任何给定的时期，家庭可以购买保险，可以借用一定数量的贷款 M。贷款可以用于改进新技术、消费、购买保险以及其他的需要，并且假设借款人都为理性人，不存在违约，都积极还款。

本章在模型中考虑四种方案，一种方案是无保险无信贷的基础情况，其他三种情况是信贷和保险的不同组合。具体如下：

（1）无信贷无保险：个体每期既不购买农业保险，也不贷款。

（2）有信贷无保险：个体每期只贷款，不购买农业保险。

（3）无信贷有保险：个体每期不贷款，只购买农业保险。

（4）有信贷有保险：个体每期贷款并且购买农业保险。当还款结束时，个体继续购买农业保险。

5.2.1 基础模型

家庭的效用来自农业生产，并且追求终身效用最大化。经济中只有一种产品，个体的投入、产出以及消费均以此衡量。个体将其拥有的全部劳

第5章 信贷、保险、"信贷+保险"防范农民陷贫返贫的扶贫效果比较研究

动力投入到个体的生产中,并依照其终身效用最大化原则进行再生产决策。由于在实际的生产中,产出具有随机性。个体在生产的过程中会面临风险,在这里用 A_t 衡量风险,假设 $\{A_t\}_{t=0}^{\infty}$ 是独立同分布的,并且风险未发生的概率为 P_1,产出水平是 $f(A_t^1, k_t)$,风险发生的概率是 P_2,产出水平是 $f(A_t^2, k_t)$,因此个体面临的终身效用最大化可以表示为:

$$\max_{\{c_t\}_{t=0}^{\infty}} E\left\{\sum_{t=0}^{\infty} \beta^t \mu(c_t)\right\} \tag{5-1}$$

$$s.t \quad c_t + k_{t+1} = f(A_t, k_t) + (1-\delta)k_t, \forall t = 0,1,2,\cdots,n$$

其中:β 表示效用贴现因子;$\mu(\cdot)$ 表示效用函数;c_t 表示第 t 期的消费;k_t 表示第 t 期的资本投入;k_0 表示初始资本水平;$f(\cdot)$ 表示生产函数,δ 表示资本折旧因子。

上式约束条件的含义是,个体根据折旧后的当期资本存量和当期产出水平制定消费决策和下一期的生产再投入决策,以追求终身效用最大化。

参照 Barrett et al.(2013)的假设,生产函数 $f(\cdot)$ 具有如下形式:

$$f(A_t, k_t) = \begin{cases} f^H(A_t, k_t) = \alpha A_t k_t^{\gamma_H} - \underline{f}, k_t > \tilde{k} \\ f^L(A_t, k_t) = \alpha A_t k_t^{\gamma_L}, k_t \leq \tilde{k} \end{cases} \tag{5-2}$$

$$\tilde{k} = \{k \mid f^H(A_t, k_t) = f^L(A_t, k_t)\}$$

其中:α 表示全技术水平;γ_L, γ_H 表示边际产出弹性且 $0 < \gamma_L < \gamma_H < 1$;$\underline{f}$ 表示固定成本。

上式的含义是,个体根据拥有的资本水平选择采用两种生产技术,拥有低资本水平的个体采用低效率的生产技术(边际产出弹性小),拥有高资本水平的个体以付出固定成本为代价采用高效率的生产技术(边际产出弹性大)。

基于(5-1)式和(5-2)式,个体终身效用最大化问题的贝尔曼方程可以表示为:

$$V(A_t, k_t) = \max\{u(c_t) + \beta E[V(k_{t+1}, A_t | c_t, A_t)]\} \quad (5-3)$$

本章以农业保险为例对此展开研究，基于不同财富水平个体可能采取不同效率的生产技术这一事实，在风险环境下建立多重均衡模型描述农村经济。本章中，由于个体根据资本水平选择具有不同风险的生产方式，导致出现多重均衡。多重均衡模型是扶贫理论的重要模型工具，能够很好地刻画农村居民的贫困陷阱问题。在本章建立的多重均衡模型中，其低水平均衡状态即是贫困陷阱。即低于临界资本水平的个体一定跌入贫困陷阱；高于临界资本水平的个体可能因农业风险发生而跌入贫困陷阱。因此，定义 T 期内初始资本水平为 k_0 的个体跌入贫困陷阱的概率是任意一期资本水平小于临界资本水平的概率（即陷贫概率），即：

$$P_T(k_0) = Pr\left\{\bigcup_T \{k_t < \tilde{k}\}\right\} \quad (5-4)$$

根据（5-3）式设定相关参数，我们用一系列数值逼近的方法求解贝尔曼方程，并根据（5-4）式可得出基础情况下个体的陷贫概率。

5.2.2 有信贷无保险模型

为展现信贷对扶贫效果的影响，本部分在以上基础模型中，个体选择贷款 M，利息为 r，还款年限为 N，贷款人根据等额本金的还款方式还款，假设个体还款不存在信用风险。因此，在有风险、有贷款的情况下，个体的终身效用最大化问题为：

$$\max_{\{c_t\}_{t=0}^{\infty}} E\left\{\sum_{t=0}^{\infty} \beta^t \mu(c_t)\right\} \quad (5-5)$$

$$s.t. \begin{cases} C_0 + K_1 + \dfrac{M}{N} + Mr = f(A_t, K_0 + M) + (1-\delta)(K_0 + M), t = 0 \\ C_t + K_{t+1} + \dfrac{M}{N} + \dfrac{N-t}{N}Mr = f(A_t, K_t) + (1-\delta)K_t, 0 < t \leq N \\ C_t + K_{t+1} = f(A_t, K_t) + (1-\delta)K_t, t > N \end{cases}$$

上式的含义是，在有风险的情况下，当个体拥有贷款，在 $t = 0$ 时，个体根据贷款额度和初始资本折旧后的资本存量以及面临风险情况下的产出水平制定消费、还款金额和下期再生产投入决策;在 $0 < t < N$ 时,个体根据当期资本折旧后的资本存量和当期面临风险情况下的产出水平制定消费决策、还款金额和下一期的生产再投入决策,以追求终身效用最大化。当 $t > N$ 时,个体根据折旧后的当期资本存量和当期产出水平制定消费决策和下一期的生产再投入决策。

那么在有信贷时,个体终身效用最大化问题的贝尔曼方程表示为(5-3)式,但是其约束条件由(5-5)式决定。设定相关参数,求解贝尔曼方程,并根据(5-4)式可得出有信贷情况下个体的陷贫概率。

5.2.3 无信贷有保险模型

为了说明保险对个体扶贫效果的影响,本部分在基础模型的基础上引入农业保险。个体可以通过购买农业保险来管理农业风险,农业保险按照期望原则定价,即:

$$m_t = (1+\theta)p_2(f(A^1, k_t - m_t) - f(A^2, k_t - m_t)) \quad (5-6)$$

其中:θ 为风险附加因子,后文假设为0。

上式的含义是,个体在生产前拥有资本 k_t,缴纳保费 m_t 后进行生产,风险未发生时产出水平为 $f(A^1, k_t - m_t)$,风险发生时产出水平为 $f(A^2, k_t - m_t)$,风险发生概率为 p_2,因此农业生产的期望损失为:

$$p_2(f(A^1, k_t - m_t) - f(A^2, k_t - m_t))$$

按照期望定价原则,保费如(5-6)式所示。

在引入农业保险后,个体面临的终身效用最大化问题为:

$$\max_{\{c_t\}_{t=0}^{\infty}} E\left\{\sum_{t=0}^{\infty}\beta^t\mu(c_t)\right\} \quad (5-7)$$

$s.t. \quad c_t + k_{t+1} = f(A^1, k_t - m_t) + (1-\delta)(k_t - m_t), \forall t = 0,1,2,\cdots,n$

上式的含义是,由于个体购买了农业保险,其生产虽然可能为 $f(A^2, k_t - m_t)$,但农业保险为其损失部分予以补偿,个体得到产出和赔付之和为

$f(A^1, k_t - m_t)$。

那么在有保险时，个体终身效用最大化问题的贝尔曼方程可以表示为（5-3）式，但是其约束条件由（5-7）式决定。设定相关参数，求解贝尔曼方程，并根据（5-4）式可得出有保险情况下个体的陷贫概率。

5.2.4 "信贷+保险"模型

"信贷+保险"是一种金融创新产品，很多国家通过运用这种模式来发展贫困地区的农业经济，从而解决深度贫困问题。如果个体在贷款的同时，也购买农业保险。个体面临的终身效用最大化问题为：

$$\max_{\{c_t\}_{t=0}^{\infty}} E\left\{\sum_{t=0}^{\infty} \beta^t \mu(c_t)\right\} \tag{5-8}$$

$$s.t. \begin{cases} C_0 + K_1 + \dfrac{M}{N} + Mr = f(A_t^1, K_0 + M - m_t) + (1-\delta)(K_0 + M - m_t), t=0 \\ C_t + K_{t+1} + \dfrac{M}{N} + \dfrac{N-t}{N}Mr = f(A_t^1, K_t - m_t) + (1-\delta)(K_t - m_t), 0 < t \leq N \\ C_t + K_{t+1} = f(A_t, K_t - m_t) + (1-\delta)(K_t - m_t), t > N \end{cases}$$

在有保险和信贷的情况下，个体终身效用最大化问题的贝尔曼方程可以表示为（5-3）式，但是其约束条件由（5-8）式决定。设定相关参数，求解贝尔曼方程，并根据（5-4）式可得出"信贷+保险"情况下个体的陷贫概率。

5.3 参数校准及基础结果

5.2节完成了模型完整的动态系统设计，本部分在有风险的情况下，分别得出基础情况下的资本动态过程，以及以上四种情况的陷贫概率比较结果。在此基础上，利用校准后的参数进行计算。

5.3.1 函数设定与参数假设

假设个体根据其终身效用最大化进行农业生产决策，效用函数 $\mu(\cdot)$ 为对数形式 $\mu(c_t) = ln(c_t)$。个体的初始资本水平 k_0 服从区间 $[0.05, 25]$ 上的均匀分布；贴现因子 $\beta = 0.98$；参考 Bai et al.（2006）的研究成果，设定各期资本 k_t 均以当期资本水平的 10% 进行折旧，资本折旧因子 $\delta = 0.1$；本章参照 Barrett et al.（2013）的生产函数 $f(\cdot)$，并对其参数进行假设，全技术水平 $\alpha = 1$；本章选取不同的边际产出弹性 $\gamma_L = 0.1$ 与 $\gamma_H = 0.5$ 来描述不同效率的生产技术，固定成本为 $\underline{f} = 1$。个体根据资本水平选择对应的生产技术，当个体在生产过程中，风险不发生的概率为 $p_1 = 0.9$，产出水平是 $f(A_t^1, k_t)$；风险发生的概率是 $p_2 = 0.1$，产出水平是 $f(A_t^2, k_t)$。在敏感性分析中涉及保费补贴比例 η，设置四种情况，即 $\eta = 0, 0.25, 0.5, 0.75$。表 5-1 给出了本章所用参数假设。

表 5-1 参数假设

符号	参数值
β	0.98
δ	0.1
α	1
γ_L	0.1
γ_H	0.5
$\underline{f}$	1
A^1	1
A^2	0.1
p_1	0.9
$1 - p_1$	0.1
η	0, 0.25, 0.5, 0.75

5.3.2 基本结果

1. 基础模型的跨期资本动态与陷贫概率

根据（5-1）式以及以上的参数假设，个体资本决策的动态路径如

图 5-2 所示。

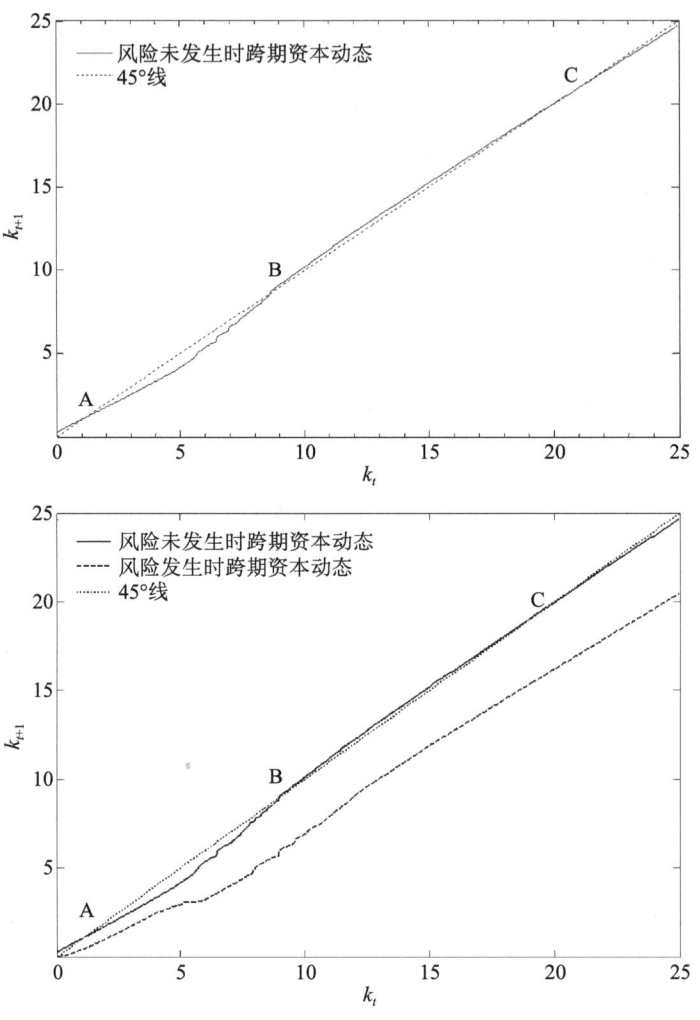

图 5-2 农业风险发生时的跨期资本动态

图 5-2 展示了在技术分层、产出面临风险情况下个体终身效用最大化时的资本跨期变化。在上述假设下,个体长期资本水平将出现两个均衡状态:如果个体的初始资本水平 k_0 低于临界资本水平(图中 B 点),个体的资本水平将收敛至 A 点;反之,如果个体的初始资本水平高于临界资本水平,个体的资本水平将收敛至 C 点。本章约定低均衡资本水平(图中 A 点)低于贫困线标准,收敛至低均衡资本水平的个体为贫困人群,资本水

第5章 信贷、保险、"信贷+保险"防范农民陷贫返贫的扶贫效果比较研究

平低于临界资本水平的个体将跌入贫困陷阱。

对应于图5-2，根据（5-4）式，可以计算不同初始资本水平个体的陷贫概率，如图5-3所示。

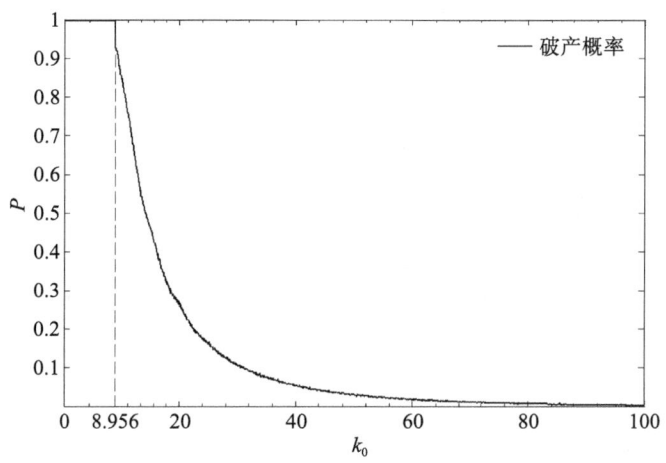

图5-3 不同初始资本水平个体的陷贫概率

图5-3显示，初始资本低于临界资本水平（临界资本水平为8.956，相当于人均年收入2673元）的个体一定陷入贫困陷阱，陷贫概率为1；此外，由于风险的存在，初始资本高于临界资本水平的个体可能陷入贫困陷阱，且资本水平越高，陷贫概率越低。

2. 保险与信贷的扶贫效果比较

根据表5-1，求解（5-5）式、（5-7）式、（5-8）式优化问题，并将结果与图5-3结果对比，可以分析信贷、保险、"信贷+保险"的扶贫效果，如图5-4所示。

图5-4（a）展示了单独信贷的扶贫效果，即单独信贷使临界资本水平以上个体陷入贫困的概率增加，同时也不会改善临界资本水平以下个体陷入贫困的概率；图5-4（b）展示了单独农业保险的扶贫效果，即没有保费补贴的单独农业保险会使初始资本略高于临界资本水平的个体的陷贫概率增加，但会使初始资本远高于临界资本水平的个体的陷贫概率降为0；图5-4（c）展示了"信贷+保险"的扶贫效果，即与基础情况相比，

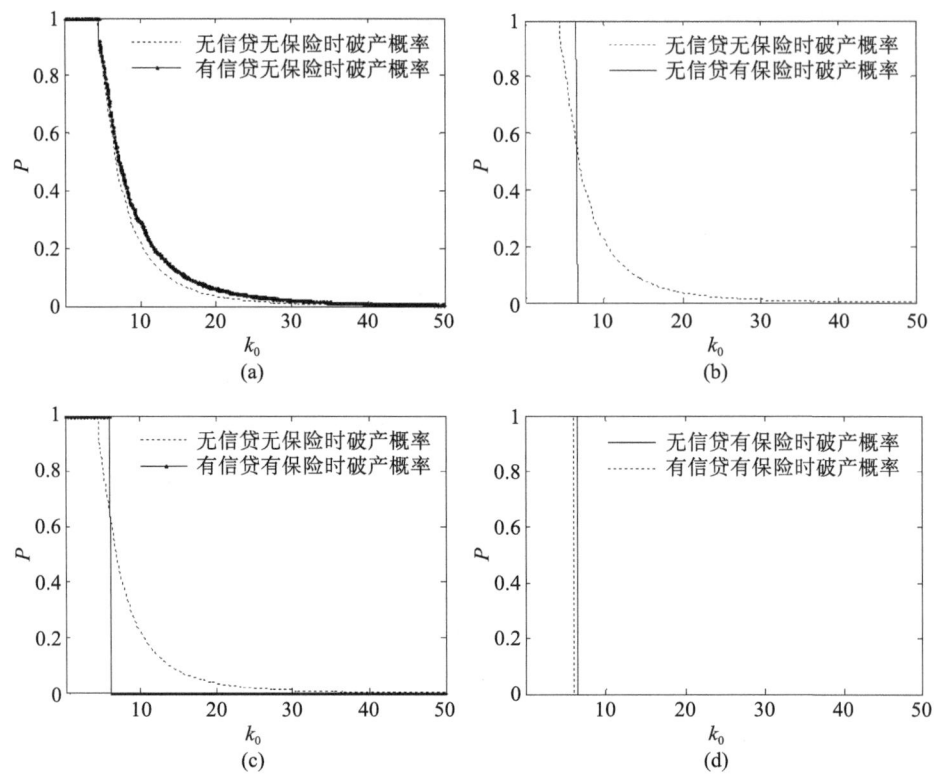

图 5-4 信贷、保险对不同资本水平个体陷贫概率的影响

"信贷+保险"的扶贫效果与单独农业保险的扶贫效果类似;图 5-4 (d) 显示,二者仍存在差异,与单独农业保险相比,"信贷+保险"使陷贫概率为 1 的临界资本水平降低,陷入贫困的个体会更少,也就是说,"信贷+保险"的扶贫效果更好。

结合我国 2012 年"农村居民按纯收入分组的户数占调查户比重"和 2012 年乡村人口数,以及上述破产概率,可以计算得到各种情景下的预期贫困人数(计算过程见附录 3-2),如表 5-2 所示。

表 5-2 中,基准情景下的预期贫困人数为 7986 万人;单独引入信贷后,预期贫困人数为 8098 万人,增加 112 万人,扶贫无效;引入农业保险或"信贷+保险"模式后,与基准情况相比,预期贫困人数分别减少 60 万人和 120 万人,扶贫有效,且"信贷+保险"的扶贫效果更好。

表 5-2　　　　　　四种情况下保险与信贷不同组合的贫困人数

四种情况	贫困人数（万人）	与基础情况相比贫困人数的增减（万人）
无信贷无保险	7986	—
有信贷无保险	8098	+112
无信贷有保险	7926	-60
有保险有贷款	7865	-121

注：上述计算均未考虑农业保险的保费补贴，如果考虑农业保险保费补贴，扶贫效果将更好（见后文）。

5.4　敏感性分析

5.4.1　不同贷款额度对扶贫效果的影响

根据（5-5）式，不同额度的信贷会产生不同的扶贫效果。图 5-5 展示了数值计算的结果，并对比了相同贷款年限，不同贷款额度下不同资本水平个体的陷贫概率，其中，图 5-5（a）展示了所有个体的陷贫概率，图 5-5（b）仅展示了初始资本水平为 20—40 的个体的陷贫概率。图 5-5 显示，贷款额度对个体陷贫概率带来影响，但陷贫概率变化的绝对额不大；并且，其他条件和参数不变时，贷款金额越大，陷贫概率越大。

根据图 5-5 中的陷贫概率，结合我国 2012 年"农村居民按纯收入分组的户数占调查户比重"和 2012 年乡村人口数，本章计算了贷款年限为 5 年，贷款额度为 1 万元情况下的贫困人数，如表 5-3 所示。

由表 5-3 可知，贷款额度的增加，使贫困人数增加。原因在于，贷款是需要偿还的，但是在农村生产能力较弱的前提下，贷款带来的额外产出不足以偿还利息，于是个体的处境更差。

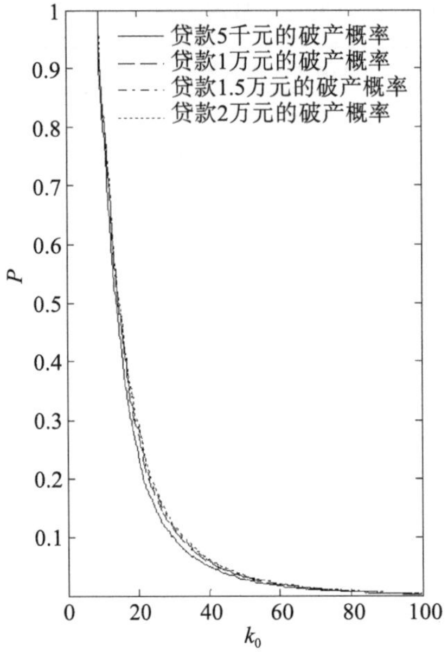

图 5-5　不同贷款额度陷贫概率比较图

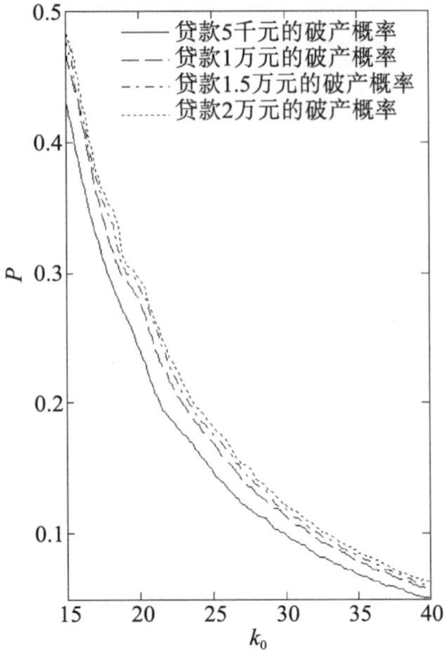

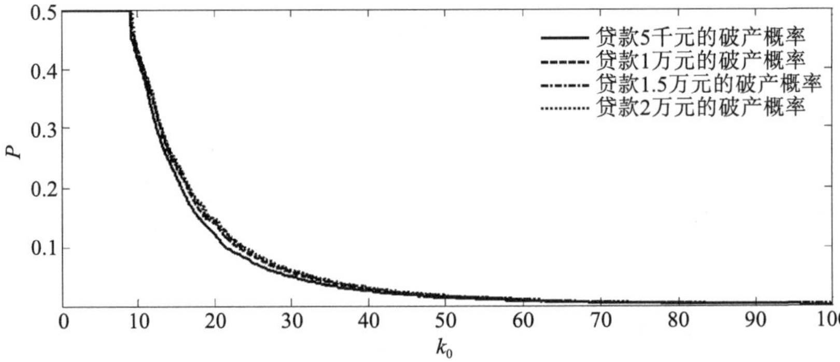

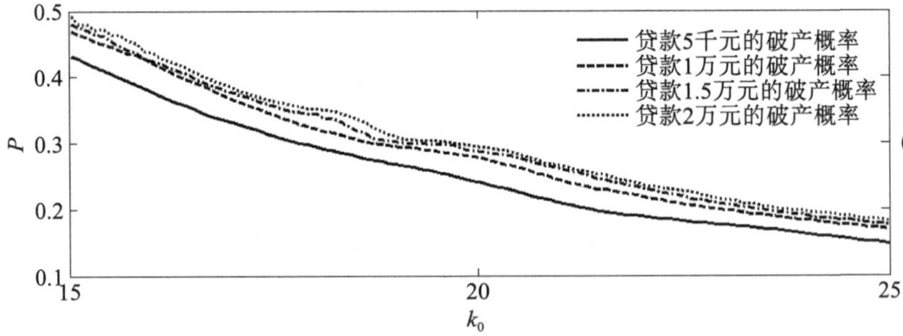

第5章　信贷、保险、"信贷+保险"防范农民陷贫返贫的扶贫效果比较研究

表5–3　　　　　贷款额度不同情况下贫困人口（5年贷款期限）

贷款额度（万元）	贫困人数（万人）	与基础情况相比贫困人数的增减（万人）
0（基础情况）	7986	—
0.5	8194	+208
1	8098	+112
1.5	8137	+151
2	8171	+185

5.4.2　不同贷款年限对扶贫效果的影响

根据（5–5）式，不同贷款年限也会产生不同的扶贫效果。图5–6展示了数值计算的结果，在贷款额度相同（1万元），年限分别为1年、5年、15年、20年的信贷情景下，个体的陷贫概率不会发生明显改变。也就是说，在其他情景不变的前提下，延长贷款期限不会提升信贷的扶贫效果。

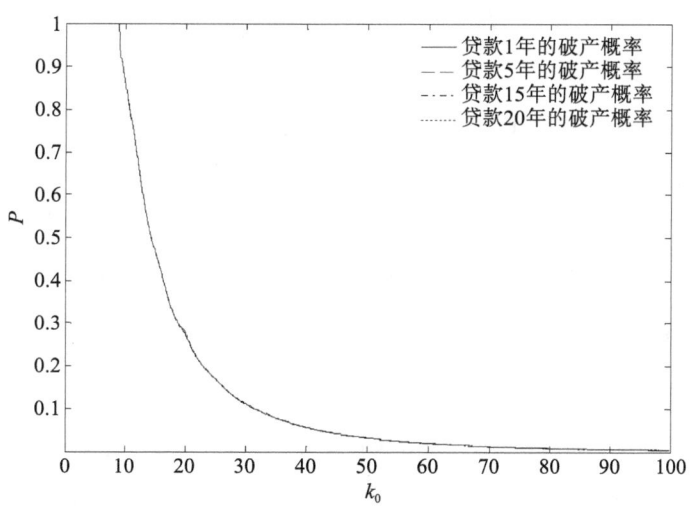

图5–6　相同贷款额度、不同贷款年限陷贫概率比较

5.4.3　保费补贴对扶贫的影响

我国从2007年开始了中央财政对农业保险的保费补贴，农业保险获

得了迅速的发展，并促进了我国农业经济的高速发展。在有政府的保费补贴时，农业保险扶贫效果将进一步显著增强。图 5-7 展示了不同保费补贴比例下的陷贫概率情况。

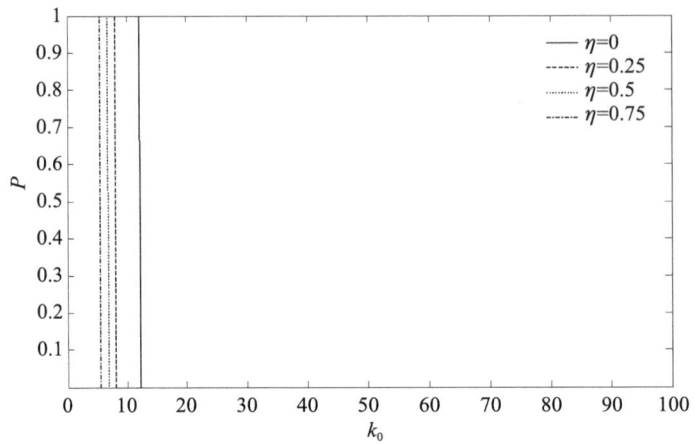

图 5-7　不同政府补贴下农业保险对不同初始资本水平个体陷贫概率的影响

在图 5-7 中，最右边的实线展示了没有保费补贴时不同初始资本水平的个体的陷贫概率，此时初始资本水平低于阈值（约 12）的个体以概率 1 跌入贫困，初始资本水平高于阈值的个体跌入贫困的概率为 0。在引入保费补贴后，陷贫概率曲线向左移动，阈值降低，且保费补贴比例越高，阈值越小，贫困越不容易发生。

根据图 5-7 中的陷贫概率，结合我国 2012 年"农村居民按纯收入分组的户数占调查户比重"和 2012 年乡村人口数，可以计算得到不同保费补贴比例下我国农村贫困人口数，如表 5-4 所示。

表 5-4　　　不同政府保费补贴农业保险下我国农村预期贫困人口数

补贴比例	贫困人数（万人）	与基础情况相比贫困人数的增减（万人）
0（基础情况）	7986	—
农业保险—0%补贴	8434	+448
农业保险—25%补贴	7194	-792
农业保险—50%补贴	6025	-1961
农业保险—75%补贴	4757	-3229

表 5-4 显示，保费补贴将进一步增强农业保险的扶贫效果，在 75% 的保费补贴比例下，与无保险无信贷情景相比，贫困人数将减少 3229 万人。

5.5 本章小结

消除贫困、达到共同富裕是社会主义的本质要求。为了实现这一要求，农村金融发挥着不可替代的作用。发展农村金融需要信贷与保险的支持。本章基于多重均衡模型，讨论了信贷、保险、"信贷+保险"的扶贫效果，以及信贷和保险的产品形态设计。

研究结果表明：

（1）在没有信贷，没有保险的情况下，初始资本低于临界资本水平（临界资本水平为 8.956，相当于人均年收入 2673 元）的个体一定会陷入贫困陷阱，初始资本高于临界资本水平的个体可能陷入贫困陷阱，并且资本水平越高，陷入贫困陷阱的概率越低。

（2）在只有信贷，没有其他风险管理工具的情况下，由于个体每期都需要还款，陷入贫困陷阱的概率反而提高。在其他条件不变，贷款超过一定额度时，随着贷款额度的增加，贫困人数增加；在贷款额度相同的情况下，贷款年限对陷贫概率基本没有影响，对贫困人口的增加和减少基本不变。

（3）在只有农业保险且保费无补贴的情况下，保险对于初始资本水平高于临界资本水平一定范围的个体来说，不会陷入贫困陷阱；保险对于那些略高于临界资本水平的个体而言，他们为了缴纳保费只能采取较低技术水平，陷入贫困陷阱的概率提高，贫困人数增加；而对于那些资本水平低于临界值的更加贫困的个体而言，农业保险不会降低他们陷入贫困陷阱的概率；在有农业保险且有补贴的情况下，补贴的比例越高，陷贫概率越低，贫困人数减少得更多，扶贫效果更好。

（4）相对于只有保险或只有信贷的情况下，在信贷和保险的协同作用下，一方面，贫困个体如果拥有贷款，可以用贷款进行消费、购买保险来管理农业风险，减少个体在遭受风险时陷入贫困的脆弱性，从而降低陷贫概率；另一方面，在贫困人口拥有保险的情况下，也可以用保险作为增信的途径，把保险作为信用保证品来进行贷款，然后运用贷款资金进行新技术的改进、提高农业产出、增加收入。这种机制可以降低陷贫概率，大大减少贫困人口，所以"信贷+保险"模式的扶贫效果更加明显。

本章为制定金融精准扶贫相关政策提供了一些建议。第一，"信贷+保险"模式的扶贫效果更好，我国应大力发展"信贷+保险"模式的金融扶贫工具；第二，"信贷+保险"模式中的信贷规模、信贷期限以及保险补贴比例都将影响扶贫效果，扶贫主体应综合考虑这些因素的影响，设计具有最佳扶贫效果的金融工具。

第 6 章

人寿保险防范居民陷贫返贫的效应研究

6.1 引言

消除贫困是全球关注的重要议题；我国已经消除了绝对贫困，并致力于防范返贫。根据世界银行制定的国际贫困标准（1.9美元/人/天），2015年约10%的世界人口仍处于贫困状态，"在全世界消除一切形式的贫困"被联合国2030年可持续发展议程确定为首要目标。2012年，我国拉开了新时代脱贫攻坚的序幕，并于2021年2月25日召开全国脱贫攻坚总结表彰大会，标志着我国脱贫攻坚战取得了全面胜利、完成了消除绝对贫困的艰巨任务。自此，巩固脱贫的成果是我国面临的主要挑战，研究导致返贫可能的风险源以及探索防范贫困的措施具有重要意义。

在贫困问题的研究中，众多学者发现贫困具有代际传递特征，且人力资本的代际转移是导致贫困代际传递的重要原因之一。通过对子代人力资本的投入，能够阻止贫困在代际间进行传递。但在子代人力资本的形成过程中，父辈遭受健康冲击或早逝将导致人力资本投入中断，进而使子代陷入贫困。Müller et al.（1990）对乌干达的研究发现，在父母去世的15—19岁孩子中，只有29%不受干扰地继续学业，25%的学生缺课，45%的学生辍学。Horrell et al.（2001）发现父辈早逝使人们迅速陷入赤贫，子代人力资本的形成过程中断，进而对他们成年后的工作能力产生影响。Bird et al.（2005）发现那些失去父母的孩子身心更容易受到伤害，并且教育可能会因此中断，延续贫困的状态。Engle et al.（1996）发现失去父母的孩子能获得的教育资源通常会弱于父母均在的孩子所获得的教育资源。Case et al.（2004）发现父母早逝的孩子上学的可能性低于父母健在的孩子。Gertler et al.（2004）发现失去父母将直接导致子代人力资本水平投资减少，对子代的生活质量和人力资本水平造成不利影响。Case and Ardington（2006）使用面板数据发现父母去世显著对子女的受教育水平产生了负面影响。Suryadarma et al.（2010）估算了印度尼西亚母亲和父亲死亡对儿童入学率、教育程度和健康的短期和长期影响，研究发现与非孤儿相比，失去母亲的年幼孤儿的教育成果更差，而且这种影响随着时间的推移越来越严重。

已有文献对父辈早逝风险导致子代陷贫的现象进行了深入研究，但是尚未有学者专门针对父辈的早逝风险存在时，人寿保险对子代潜在贫困的防范作用进行研究。本章拟从人力资本的代际转移特征出发，研究父辈早逝风险存在时，人寿保险对子代潜在贫困的防范作用，为我国预防返贫措施提供了新思路，完善了我国保险扶贫研究的理论成果。

从人力资本代际转移的视角，本章建立了一个包含父辈的早逝风险和人寿保险等因素的11期世代交叠模型，将处于不同代的成员通过子代继承父辈的部分生产力联系在一起。模型中，父辈于第4—6期抚育子代，在抚育期间具有早逝风险，并每期做出消费、储蓄和购买人寿保险的最优决策；子代在父辈第4期初出生并继承了父辈部分人力资本，在生命周期的前3期接受抚育、形成人力资本，人力资本形成可能因父辈在第4—6期早逝而中断、但人寿保险赔付使其独立时储蓄增加。基于中国统计年鉴和中国家庭追踪调查（CFPS）数据以及相关文献估计模型中的参数值，本章使用数值法求解了父辈在不同人力资本水平下所做的消费、储蓄以及购买人寿保险的最优决策，然后使用蒙特卡罗方法模拟不同家庭中父辈的存活情况，并分别计算出父辈在有无购买人寿保险的情况下子代陷入贫困的概率。对比分析发现：人寿保险能够帮助子代有效应对父辈的早逝风险，防范子代因父母早逝而陷入贫困；但是父辈的人力资本水平极低或较高时，子代必然贫困或不贫困，人寿保险无防范作用。

6.2 居民世代交叠保险决策模型

本章基于 Lee et al.（2019）的研究成果，构建了一个包含早逝风险和人寿保险机制的世代交叠模型（OLG 模型），以探索早逝风险如何通过家庭决策与保险机制影响经济动态。该模型假设经济体系由一个跨代际家庭和一个非盈利性保险机构组成，其中，跨代际家庭由无限延续的世代交叠单元构成，且每个单元包括一名父辈和一名子代。模型设定中，父辈在独立时选择生育子代，并在子代成长期间为其提供抚育和教育，同时作出自主优化的经济决策。在子代成长至独立之前，父辈承担经济责任并通过投资、消费和保险策略规划自身的经济行为。

父辈的决策不仅影响其自身福利，还决定了子代的起始条件。具体而言，子代继承了父辈部分的人力资本水平，并通过父辈的抚育获得教育和资源支持。同时，若父辈在子代独立前因早逝而无法继续履行抚育责任，子代将继承父辈的遗产，从而缓解早逝可能导致的经济冲击。

模型中的非盈利性保险机构充当父辈经济决策的重要一环。该机构不以盈利为目的，以公平费率（即零溢价）接受父辈投保的寿险需求。在父辈早逝的情况下，保险公司通过支付保额保障子代的经济基础，并提供必要的托管服务以保障子代的福利，从而在一定程度上抵消了家庭因早逝风险所承受的财务冲击。

通过上述模型设定,本章系统性地分析了早逝风险、人寿保险机制与跨代际资源配置之间的内在联系,从理论上揭示家庭与保险机构在应对早逝风险时的最优决策机制和经济影响。

6.2.1 居民生命周期设定

本章假设每个人的极限年龄为 88 岁,并将人的一生分为 11 期,每期为 8 年。居民在 24 岁时(即第 4 期期初)独立并生育子代,进行工作、制定经济决策;在 24—48 岁期间(即第 4—6 期)抚育子代;在 48 岁(即第 7 期)结束抚育,在 64 岁(即第 9 期)退休,并在 88 岁(即第 11 期期末)死亡。子代在出生时拥有与父辈相同的人力资本水平,并在 24 岁之前(即第 1—3 期)接受父辈抚育。居民的生命周期如图 6-1 所示。

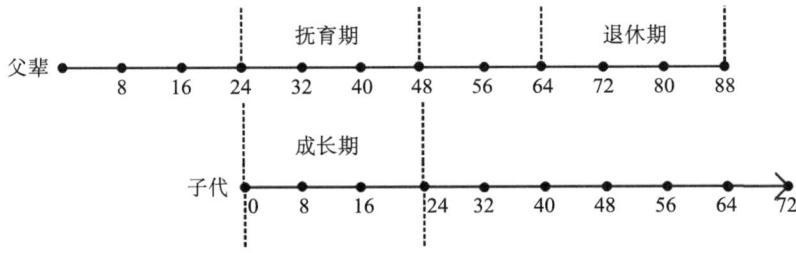

图 6-1 父辈与子代的生命周期

居民在每一期都面临死亡风险,用 q_t 表示第 t 期死亡概率,P_t 表示第 t 期生存概率,$_jP_i$ 表示 i 岁的人活过 j 岁的概率,即:

$$P_k = {_8}P_{8(k-1)}$$

其中:$k = 1, 2, \cdots, 11$。

由于本章重点关注父辈早逝的影响以及居民在 0—24 岁期间实际死亡概率较小,本章假设 $P_1 = P_2 = P_3 = 0$;由于极限年龄的设置,$P_{11} = 1$。

6.2.2 居民生命周期决策

基于以上设定,居民在每一期的最优化问题可以进行如下刻画:

1. 居民第 4 期决策 （年龄 $\in [24\,岁, 31\,岁]$）

居民在第 4 期期初独立，生育子代、成为父辈，并基于终身期望效用最大化原则进行消费、储蓄、购买人寿保险的决策。其贝尔曼方程为：

$$V_4(a,h) = \max_{C_4,s_4,i_4} \{U(C_4) + \beta p_4 V_5(s_4,h) + \rho^3 q_4 V_4^d(a^d,h^d)\} \quad (6-1)$$

其中：V_j 和 V_j^d 分别表示父辈和子代在第 j 期的期望终身效用，即 $V_4(a,h)$ 和 $V_4^d(a^d,h^d)$ 分别表示父辈和子代在第 4 期的预期终身效用；a 和 a^d 分别表示父辈和子代在独立时的初始财富，h 和 h^d 表示父辈和子代在独立时的人力资本水平；C_4、s_4 和 i_4 分别表示父辈第 4 期的消费、储蓄和购买人寿保险的决策；$U(\cdot)$ 表示家庭的总效用函数；β 为单期效用贴现因子；ρ 为利他因子。

上式的含义是，父辈选择最优家庭总消费 C_4、储蓄 s_4 和购买人寿保险 i_4 决策，以使期望终身效用最大化，其中期望终身效用由当期家庭总效用 $U(C_4)$、生存时的未来期望终身效用 $V_5(s_4,h)$ 以及死亡时子代独立后的期望终身效用 $V_4^d(a^d,h^d)$ 三部分构成。也就是说，如果早逝发生，父辈关注未独立子代在独立后的期望终身效用。

在决策时，父辈面临以下预算约束：

第一，收支预算约束，即：

$$C_4 + s_4 + i_4 = w_4 h + a \quad (6-2)$$

其中：w_j 表示第 j 期的单位人力资本水平工资率。

上式的含义是，父辈根据初始禀赋 a 和当期工资收入 $w_4 h$ 进行家庭总消费支出 C_4、储蓄支出 s_4 和购买人寿保险支出 i_4。

第二，早逝时，子代的初始储蓄约束，即：

$$a^d = \left[s_4(1+r) + f(i_4) - \bar{c}_2^d - \frac{\bar{c}_3^d}{(1+r)}\right](1+r)^2 \quad (6-3)$$

其中：r 表示无风险储蓄利率；$f(i_4)$ 表示保费支出为 i_4 时的人寿保险赔付；$\bar{c}_2^d$ 和 $\bar{c}_3^d$ 表示子代在第 2 期和第 3 期必须的抚育需求支出。

上式的含义是，如果父辈早逝，子代获得的遗产为父辈储蓄本息和 $s_4(1+r)$ 与人寿保险赔付金额 $f(i_4)$，但由于尚未成年，子代抚育支出需求

分别为 $\bar{c}_2^d$ 和 $\bar{c}_3^d$；遗产扣除抚育支出后的累计额，即为子代在独立时的初始储蓄禀赋。

第三，早逝时，子代的人力资本水平约束，即：

$$h^d = (1 + \mu - \delta)h \qquad (6-4)$$

上式的含义是，子代继承了父辈的人力资本水平，并在父辈的抚育下在第一期获得一定比例 μ 的增长，但是如果父辈早逝，子代的人力资本水平将遭受一定比例 δ 的下降。

2. 居民第5、6期决策（年龄 $\in$ [32岁, 47岁]）

如果父辈在第 j 期（$j=5,6$）期初生存，其将继续根据期望终身效用最大化原则进行消费、储蓄、购买人寿保险的决策。其贝尔曼方程为：

$$V_j(s_{j-1}, h) = \max_{C_j, s_j, i_j} \{ U(C_j) + \beta p_j V_{j+1}(s_j, h) + \rho^{7-j} q_j V_4^d(a^d, h^d) \} \qquad (6-5)$$

与（6-2）式、（6-3）式和（6-4）式类似，父辈面临的约束为：

$$C_j + s_j + i_j = w_j h + s_{j-1}(1+r) \qquad (6-6)$$

$$a^d = [s_j(1+r) + f(i_j) - \bar{c}_3^d I_{\{j=5\}}](1 + r I_{\{j=5\}}) \qquad (6-7)$$

$$h^d = (1 + (j-3)\mu - \delta)h \qquad (6-8)$$

其中：$I_{\{\cdot\}}$ 表示示性函数。

由于子代已被养育了 $j-3$，因此未来抚育支出越来越少（如（6-7）式所示），人力资本水平积累越来越多（如（6-8）式所示）。

3. 居民在子代独立后的决策（年龄 $\in$ [48岁, 79岁]）

如果父辈在第 j 期（$j=7,8,9,10$）期初生存，其将继续根据期望终身效用最大化原则进行消费、储蓄、购买人寿保险的决策。其贝尔曼方程为：

$$V_j(s_{j-1}, h) = \max_{c_j, s_j} \{ u(c_j) + \beta p_j V_{j+1}(s_j, h) \} \qquad (6-9)$$

其中：$u(\cdot)$ 表示父辈消费效用函数。

上式的含义是，父辈进行最优消费和储蓄决策，以使期望终身效用最大化；且由于子代已经独立且父辈无故意遗产动机，其期望终身效用由当期消费的效用和未来期望效用的折现期望值组成。父辈面临的预算约束为：

$$c_j + s_j = w_j h\, I_{\{j=7,8\}} + \tilde{w} h\, I_{\{j=9,10\}} + s_{j-1}(1+r) I_{\{j=7\}} + s_{j-1}\frac{1+r}{p_{j-1}} I_{\{j=8,9,10\}}$$

(6-10)

其中：$\tilde{w}$ 表示退休后的工资率。

上式的含义是，父辈在退休前的工资收入为 $w_j h\, I_{\{j=7,8\}}$，退休后的工资收入为 $\tilde{w} h\, I_{\{j=9,10\}}$；此外，当父辈无遗产动机时，其将资产购买年金类资产，单位收益为 $\frac{1+r}{p_{j-1}} I_{\{j=8,9,10\}}$，但在第 6 期，父辈还有利他动机，因此单位收益仅为 $(1+r) I_{\{j=7\}}$。

4. 居民在末期的决策（年龄 ∈ [80 岁, 87 岁]）

在生命末期（$j=11$），由于父辈无遗产动机，其将消费完所有资产。此时，其贝尔曼方程为：

$$V_{11}(s_{10}, h) = u(c_{11})$$

(6-11)

面临的预算约束为：

$$c_{11} = \tilde{w} h + s_{10}\frac{1+r}{p_{10}}$$

(6-12)

6.2.3 贫困的定义和度量

根据马尔萨斯在《人口原理》一书中的论述，贫困是收入不能维持基本生活支出的一种状况。基于该基本观点，世界各国大多以收入或支出划分贫困标准。例如，世界银行于 2022 年将贫困线划定为每人每天生活支出 2.15 美元，我国在 2011 年将贫困线划定为人均纯收入 2300 元。本章沿用我国标准，将总收入（含储蓄）低于贫困线 $\underline{C}$ 的居民定义为贫困户。参考 Liao et al.（2020）的研究成果，本章用子代陷入贫困的概率度量子代潜在贫困状况，并且由于本章研究贫困代际转移现象，因此重点讨论子代在独立时的潜在贫困状态。因此，子代陷贫概率定义为：

$$P(\text{子代陷贫概率}) = P(w_4 h_d + a^d < \underline{C})$$

(6-13)

通过对比有无保险市场时父辈最优决策下的子代陷贫概率，本章讨论人寿保险防范子代陷入贫困的作用。但由于上述模型复杂，本章难以求出父辈最优决策和子代陷贫概率的显示解。因此，后文将根据我国实际情况校准参数，然后基于数值方法求解父辈最优决策，并基于蒙特卡洛模拟方法计算子代陷贫概率。

6.3 参数校准

6.3.1 死亡率的估计

参考王晓军和蔡正高（2008）的研究成果，假设个体的寿命随机变量服从于经典的 De Moivre 参数分布。这一分布是一种常用的理论寿命分布，能够较为直观地反映寿命在固定最大年龄范围内的均匀衰减特性。在这一设定下，个体的死亡密度函数 $f(x)$ 可以被定义为：

$$f(x) = \begin{cases} \dfrac{1}{\omega}, & x \in [0, \omega] \\ 0, & 其他 \end{cases} \quad (6-14)$$

对应的生存函数形式为：

$$S(x) = 1 - F(x) = 1 - \int_0^\omega f(x)\,dx = 1 - \frac{x}{\omega} \quad (6-15)$$

其中：ω 代表极限年龄，本章设定 $\omega = 88$。

通过计算可知：$q_4 = 0.125$，$q_5 = 0.1428$，$q_6 = 0.1667$，$q_7 = 0.2$，$q_8 = 0.25$，$q_9 = 0.3333$，$q_{10} = 0.5$，$q_{11} = 1$。

6.3.2 父辈每期收入的估计

本章根据 2020 年中国家庭追踪调查（CFPS）数据中的城镇职工[①]实

[①] 以问题 urban18 "基于国家统计局资料的城乡分类" 中的 "城镇"、问题 QP605 "医疗保险类型 1" 中的 "城镇职工医疗保险" 和 "公费医疗" 筛选出城镇职工人群。

际收入估计父辈生命周期收入。对于父辈平均收入 $\ln \bar{w}_x$ 部分，参考廖朴等（2024）的研究成果，本章用一个四次多项式函数来进行描述，即：

$$\ln \bar{w}_x = a_1 x^4 + a_2 x^3 + a_3 x^2 + a_4 x + a_5$$

参数估计值如表 6-1 所示，拟合效果如图 6-2 所示。

表 6-1　　　　2020 年收入（对数）多项式拟合参数值

	a_1	a_2	a_3	a_4	a_5
参数值	-6.83E-06	1.18E-03	-0.075	2.062	-9.468

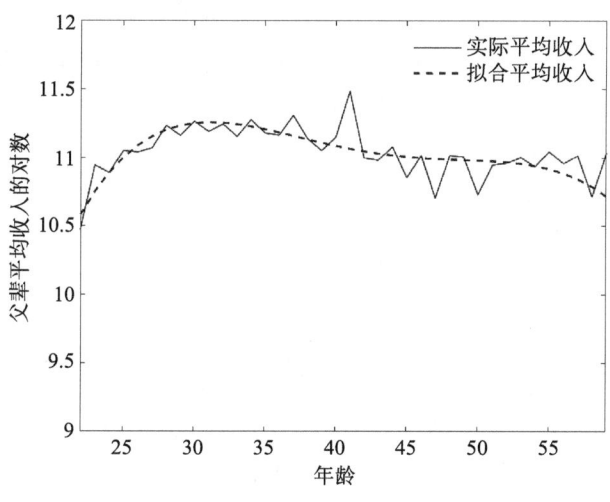

图 6-2　收入拟合效果

图 6-2 显示，基于表 6-1 的四次多项式能很好地拟合居民生命周期收入过程。基于上述结果，本章估计了居民各年龄段的总收入，如表 6-2 所示。

表 6-2　　　　居民生命周期收入的估计值　　　　单位：元

年龄	第 4 期 （24—31 岁）	第 5 期 （32—39 岁）	第 6 期 （40—47 岁）	第 7 期 （48—55 岁）	第 8 期 （56—63 岁）
收入	552984	580295	494559	462725	310670

注：考虑到我国规定男性 60 岁退休，父辈第 8 期的工资为 56—59 岁实际工资与 60—63 岁退休工资之和。

本章拟基于养老金替代率计算居民退休后的工资收入,即:

退休后养老金收入 = 退休前工资收入 × 养老金替代率

参考徐舒(2013)的研究成果,养老金替代率按照以下公式计算方法:

$$城镇职工养老金替代率 = \frac{离退休人员的平均养老金收入}{上年在职职工的平均工资}$$

$$离退休人员的平均养老金收入 = \frac{城镇职工基本养老保险基金支出}{离退人员参加养老保险人数}$$

根据国家统计局 2021 年数据,基于以上公式计算的养老金替代率为 44.1%;结合表 6-1 估计的工作期工资收入,父辈在退休后的每年收入为 28032 元,每期收入为 224253 元。

6.3.3 子代成长支出的估计

本章假设父辈生存时,子代的抚育支出包含在家庭消费支出中,即 C_j,$j = 4,5,6$;但在父辈早逝时,子代被托管,抚育支出为固定值 $\bar{c}_2^d$ 和 $\bar{c}_3^d$。

本章设定抚育支出由教育支出以及抚养支出构成,其中教育支出包含子代的学杂费以及其他与教育相关的费用,抚养支出包括除去教育支出以外的其他支出。本章采用国家统计局 2021 年数据中城镇居民人均消费支出值 30307 元作为每年子代抚育支出。本书根据 2020 年中国家庭追踪调查(CPFS)数据中的孩子数据和家庭数据来估计子代在成长阶段的教育支出,并用五次多项式拟合。参数估计值如表 6-3 所示,拟合效果如图 6-3 所示。

表 6-3　　各年龄城镇子女平均教育支出(对数)拟合参数值

	a_1	a_2	a_3	a_4	a_5	a_6
参数值	6.19E-05	-4.05E-03	0.0975	-1.0544	4.9704	0.9398

根据抚育支出的估计值,以及表 6-3 中教育支出的估计值,本章计算了子辈的抚育支出,如表 6-4 所示。

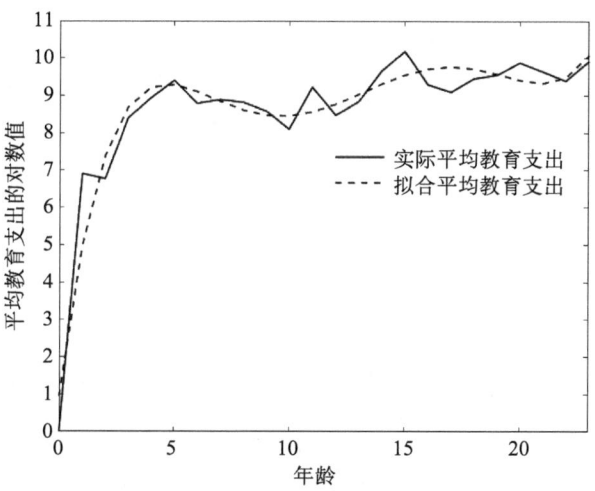

图 6-3　子代教育支出拟合图

表 6-4　　　　　　　　　　子代抚育支出　　　　　　　　　单位：元

年龄	第 2 期（8—15 岁）	第 3 期（16—23 岁）
抚养支出	242456	242456
教育支出	59864	124794
抚育支出（合计）	302320	367250

6.3.4　效用函数的设定以及其他参数估计

本章假设个体效用函数为常相对风险规避型函数，即：

$$u(c_t) = \frac{c_t^{1-\sigma} - 1}{1-\sigma}$$

当子代未独立时，父辈根据家庭效用最大化确立消费分配方案。当家庭总消费为 C_j（$j = 4,5,6$）时，家庭总效用 $U(C_j) = \max_{c_j, c_{j-3}^d} \{u(c_j) + \rho u(c_{j-3}^d)\}$，且预算约束为 $c_j + c_{j-3}^d = C_j$。求解该问题，$U(C_j) = \theta u(C_j)$，其中：$\theta = (1 + \rho^{\frac{1}{\sigma}})^{\sigma}$。

参考 Liao et al.（2022）的研究成果，本章设定父辈对子代的利他因子 $\rho = 0.99$，表明父辈在经济决策中高度关注子代的福利，这与跨代际资源配置的基本特征相一致。同时，依据赵桂芹等（2022）的分析，假设相

对风险厌恶系数 $\sigma = 1.5$，反映个体在面临不确定性时对消费平滑的偏好，符合实际中较高风险规避程度的情况。此外，父辈在子代人力资本水平上的影响以参数化形式刻画，其中，假设父辈存活一期对子代人力资本水平具有积极影响，影响系数 $\mu = 0.12$；相反，若父辈死亡，则对子代人力资本水平造成显著消极影响，影响系数 $\delta = 0.75$。这两个参数分别体现了父辈提供抚育和教育支持的积极作用以及早逝对子代经济与教育发展带来的显著冲击。

由于 μ 和 δ 对模型结论具有关键性影响，后文将通过敏感性分析系统探讨这两个参数的变化对人寿保险在防范贫困中的作用的影响。具体而言，敏感性分析将评估在不同 μ 和 δ 参数值设定下，人寿保险赔付对子代财富积累、人力资本提升及贫困发生概率的动态变化机制。这一分析不仅可以揭示父辈与子代经济关联的微观机制，还能为设计更加精细化的保险产品提供理论依据，例如，通过调整保险额度或赔付结构以更有效地缓解早逝对脆弱群体的冲击，从而更好地实现保险防范贫困的政策目标。

根据中国人民银行数据，我国一年期存款基准利率为 1.5%。本章采取复利方式，设定每期（8年期）的利率 $r = 12.65\%$；效用贴现因子采用同类文章常用数值，设定年贴现因子为 0.98，则模型每期的效用贴现因子 $\beta = 0.98^8$。

2011年，中央扶贫开发工作会议宣布将人均纯收入2300元（2010年不变价）作为国家扶贫标准。考虑物价变动因素并以历史消费者物价指数计算，2022年我国扶贫标准为年人均纯收入2885元。因此，本章将贫困线 C 设定为23078元。

6.4 人寿保险防范贫困的作用机制

6.4.1 基准情景下父辈最优寿险购买决策与防范贫困效果

1. 父辈最优人寿保险购买决策

根据以上参数,本章使用数值格点法求解了不同人力资本水平父辈的人寿保险决策。为了分析方便,本章以祖辈未早逝的父辈为研究对象。也就是说,父辈在第4期期初独立进行经济决策时,其所有禀赋为拥有的人力资本,无初始财富。不同人力资本水平父辈在第4期的最优人寿保险决策如图6-4所示。其中,横轴代表父辈第4期的人力资本水平,纵轴表示父辈在第4期的最优人寿保险购买保额。

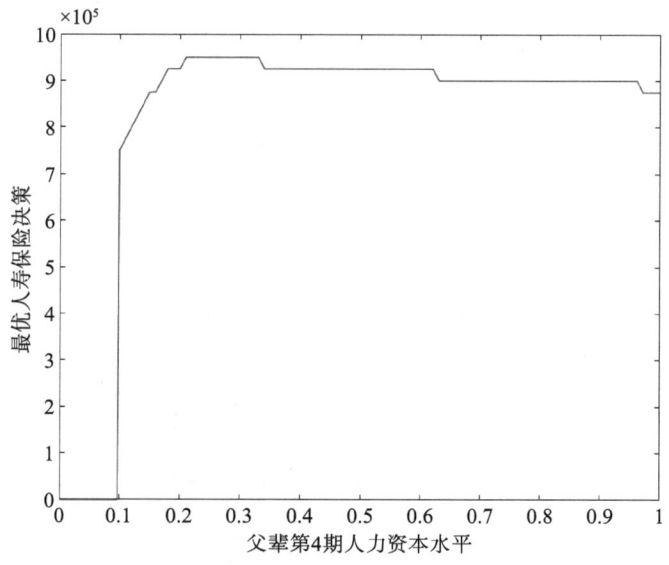

图6-4 父辈第4期的人寿保险决策

图 6-4 显示，当父辈的人力资本水平低于某个阈值（接近 0.1）时，父辈的最优人寿保险购买保额为 0，即不会购买人寿保险。人力资本水平较低意味着工资收入较低，此时父辈只能满足必要生活支出，无能力顾及子代未来状况，因此不购买任何保险。

当父辈的人力资本水平超过阈值时，随着人力资本水平的上升，父辈的最优人寿保险购买保额先增加然后逐渐降低。当人力资本水平达到阈值后，父辈已经能够支付必要生活支出，并希望顾及子代未来状况，因此其购买一定额度的人寿保险，以增加早逝时子辈的初始财富；人力资本水平越高，父辈的购买能力越强，因此购买的人寿保险也越多。但是随着人力资本水平的进一步上升，父辈的储蓄以及子代从父辈继承的能力（以人力资本衡量）已能缓解子代由于父辈早逝带来的不利影响，因此父辈对人寿保险的需求逐渐降低、购买人寿保险的保额减少。

2. 人寿保险防范贫困的效果

基于父辈的最优人寿保险购买决策，本节讨论人寿保险防范贫困的效果。由于父辈未来生存状况是不确定的，因此本节使用蒙特卡罗方法模拟了 10 万条父辈生命的路径，并基于此分别计算人寿保险不存在/存在时子代在独立当期的陷贫概率。计算时，对于人力资本水平为 h 的父辈，在第 i 条生命路径下，如果其子代独立时的工资收入 $w_4 h_d^i$ 与初始财富 a^d 之和低于贫困线 $\underline{C}$，即：

$$w_4 h_d^i + a^d < \underline{C}$$

则子代陷入贫困；子代陷入贫困的路径占比即为子辈陷贫概率，即：

$$P(\text{子代的陷贫概率}) = \frac{\sum_1^{100000} I_{\{w_4 h_d^i + a^d < \underline{C}\}}}{100000}$$

父辈最优决策下，有无保险时子辈的陷贫概率如图 6-5 所示。其中，横轴代表父辈生命周期第 4 期的人力资本水平，纵轴是子代在独立当期的陷贫概率；横轴人力资本水平以非等距区间展示，区间以子代陷贫概率不发生改变为划分标准。

第6章 人寿保险防范居民陷贫返贫的效应研究

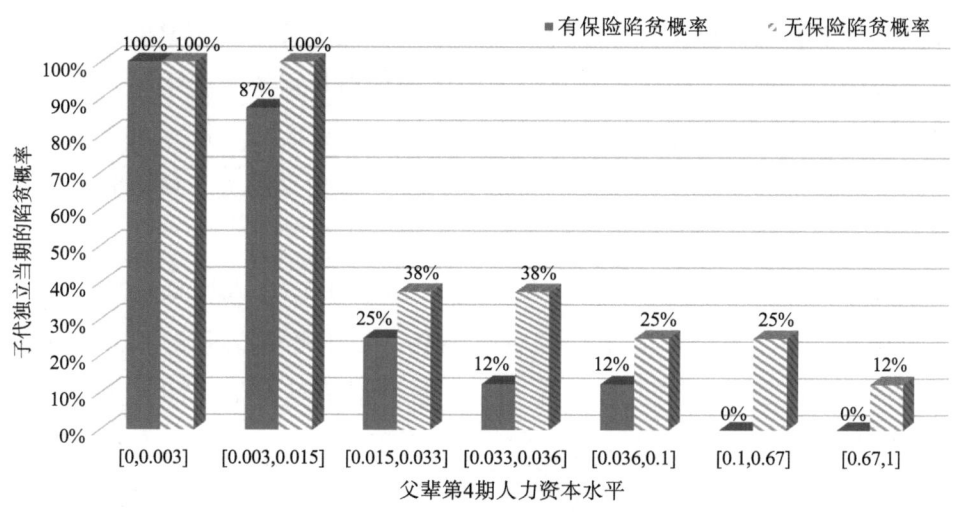

图6-5 子代独立当期的陷贫概率

图6-5显示，人寿保险具有显著的防范贫困效果。如果没有人寿保险，无论父辈人力资本水平高低，子代在独立时都可能陷入贫困；引入人寿保险后，由于人寿保险赔付能够抵消父辈早逝给子代带来的人力资本损失，子代陷贫概率大幅下降。但是对于拥有不同人力资本水平的父辈，由于最优人寿保险购买决策下的保额不同，人寿保险防范贫困的作用是不一致的。

对于处于深度贫困的父辈（人力资本水平低于0.003[①]），人寿保险无任何防范贫困效果，子代注定陷入贫困。按照参数设定，人力资本水平0.003对应年收入355元。此时，父辈属于深度贫困人群，其可支配财富买不起保险，或者父辈亟须解决衣食住行问题。因此父辈在各期的最优购买保险决策为0，保险也不发挥任何防贫作用。

对于处于贫困或不富裕的父辈（人力资本水平介于0.003与0.1之间，贫困线对应的值约为0.022），人寿保险防范贫困效果显著，但是子代仍有可能陷入贫困。按照参数设定，人力资本水平0.1对应年收入13825

[①] 图6-4中，父辈在第4期购买人寿保险的人力资本水平阈值约为0.1；图6-5中人寿保险无任何防范贫困效果的人力资本水平临界值为0.003。二者不同的原因是，图6-4仅展示了父辈在第4期的人寿保险购买决策；在第4期不购买人寿保险的父辈在第5、6期仍可能购买以使子辈摆脱贫困。

元。生计消费支出以及抚育子代的刚性支出使此类父辈仍不富裕,不能购买足额的人寿保险,导致保险赔付不能完全抵消早逝给子代带来的人力资本损失。但与陷入深度贫困的父辈相比,此类父辈收入大幅增加,能够购买一定额度的人寿保险以保险赔付部分抵消早逝带来的人力资本损失,降低了早逝给子代带来的冲击。

对于中产以上的父辈(人力资本水平高于0.1),人寿保险防范贫困效果显著,且能完全消除子代陷贫可能性。由于此类父辈的收入水平较高,父辈可以足额购买人寿保险以保险赔付抵消早逝带来的人力资本损失,其结果是不再面临陷贫风险。

由于我国已经消除了绝对贫困,即图6-5中前两类人群已经消失,因此人寿保险对现实中所有人群均有防范贫困的效果。

6.4.2 稳健性检验

参照 Engle et al.(1996)、Gertler et al.(2004)等的研究成果,本章模型假设父辈存活对子代的人力资本水平产生积极影响,父辈死亡对子代的人力资本水平产生消极影响。但由于缺少实际数据,本章在参数设定时将积极影响设置为 $\mu=0.12$,将消极影响设置为 $\delta=0.75$。本节对这两个因素进行稳健性检验,以探讨其对人寿保险防范贫困效果的影响。

1. 父辈存活对子代人力资本水平积极作用因子 μ 值

在基准情景中,$\mu=0.12$。为了更好地研究父辈存活对子代人力资本的积极作用与人寿保险防范贫困效果之间的关系,本节计算了不同 μ 值下子代独立当期的陷贫概率,结果如图6-6所示。

通过对比不同 μ 值所对应的陷贫概率发现,人寿保险具有显著的防范贫困效果的结论是稳健的。子代独立当期的陷贫概率受到两种因素的相互影响。第一,父辈在抚育期内会考虑子代独立当期的效用,父辈存活对子代人力资本水平的积极作用 μ 值越小时,父辈活过抚育期对子代人力资本水平提升的积极影响越小,如果父辈本身的人力资本水平不高,会导致子代继承较低的人力资本水平,子代陷入贫困的概率就会增加。因此 μ 越小

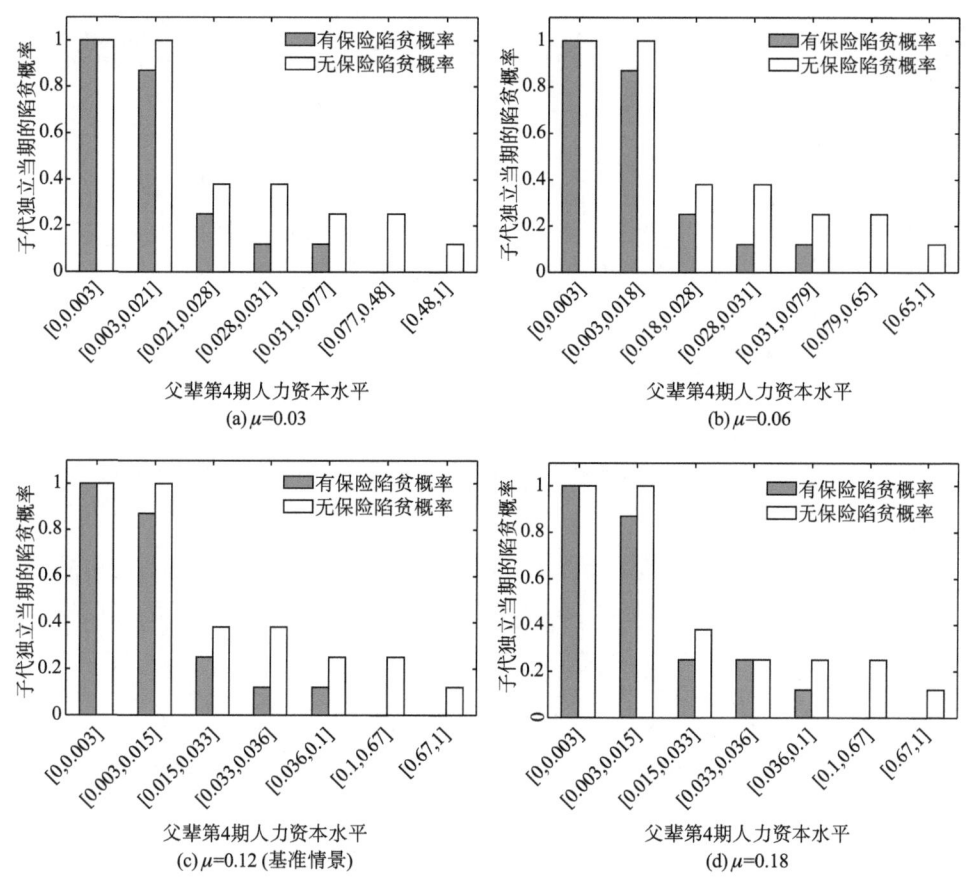

图 6-6 不同 μ 值对子代陷贫概率的影响

时,父辈购买人寿保险的动力越大,更愿意在人力资本水平较低时选择购买人寿保险。第二,μ 值越大,父辈活过抚育期对提升子代人力资本水平的积极影响越大,子代人力资本水平越高,陷入贫困的概率就越低。

2. 父辈死亡对子代人力资本水平消极作用因子 δ 值

δ 值度量了父辈死亡对子代人力资本水平的消极作用。为了更好地研究父辈死亡对子代人力资本水平的消极作用与人寿保险防范贫困效果之间的关系,选取不同的 δ 值并分别计算子代独立当期的陷贫概率,结果如图 6-7 所示。

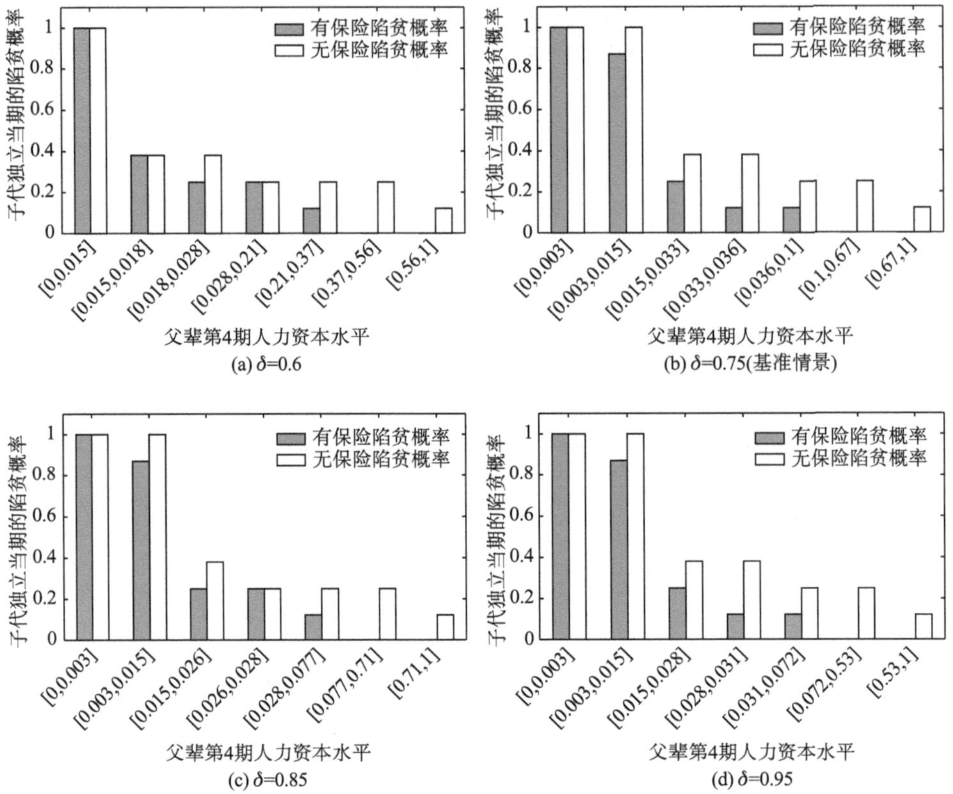

图 6-7　不同 δ 值对子代陷贫概率的影响

图 6-7 同样支持人寿保险具有显著的防范贫困效果的结论是稳健的。在研究父辈存活对子代人力资本的消极作用和人寿保险防范贫困效果之间的关系时，子代独立当期的陷贫概率同样受到两种因素的相互影响。第一，父辈在抚育期内会考虑子代独立当期的效用，当父辈死亡对子代人力资本水平消极作用 δ 越大时，父辈在抚育期的死亡会对子代人力资本水平产生较大的负面影响，如果父辈本身的人力资本水平不高，则父辈抚育期死亡导致子代会继承较低的人力资本水平，子代陷入贫困的概率就会增加，故 δ 值越大时，父辈购买保险的动力越大，更愿意在人力资本水平较低时选择购买人寿保险。第二，δ 值代表父辈死亡对子代人力资本水平的消极作用，δ 值越大，父辈死亡对子代人力资本水平的消极作用越大，子代独立当期的人力资本水平越小，子代越容易陷入贫困，子代独立当期的

陷贫概率越大。在图6-7中，当父辈死亡对子代人力资本水平消极作用 δ 越大时，有保险时子代的陷贫概率越低，这是因为人寿保险的防范贫困作用大于 δ 值增大带来的消极影响。

6.4.3 敏感性分析

1. 利他因子

利他因子度量了父辈对子代的关心程度，为了更好地研究利他因子和人寿保险防范贫困效果之间的关系，选取不同的 ρ 值并分别计算子代独立当期的陷贫概率，结果如图6-8所示。

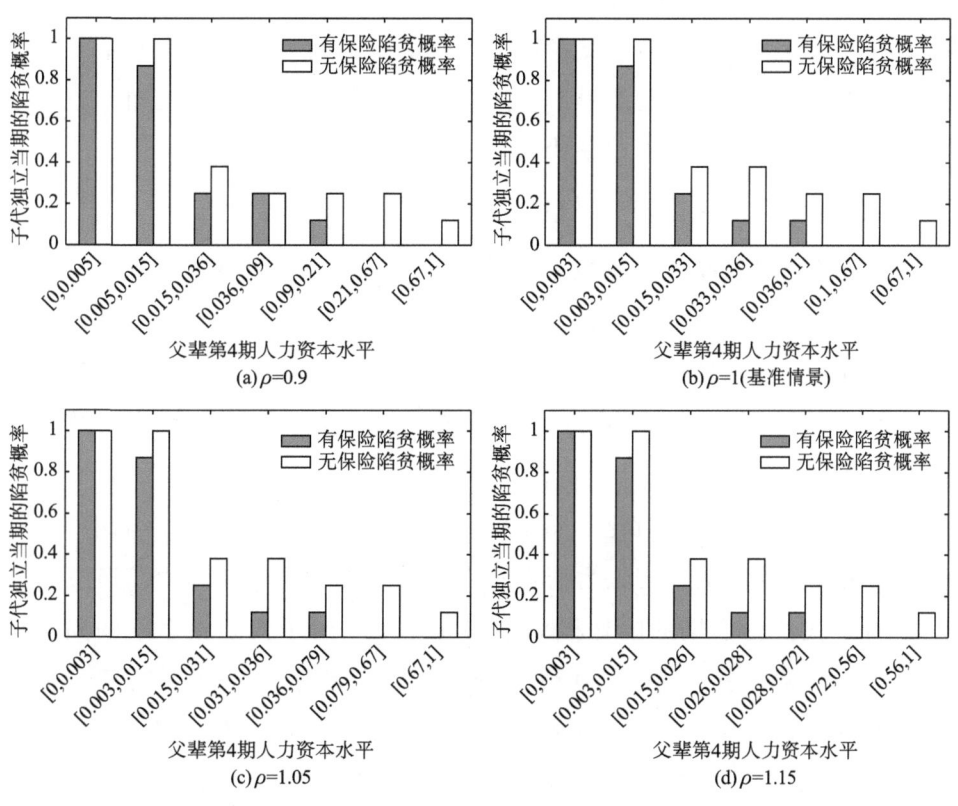

图6-8 不同 ρ 值对子代陷贫概率的影响

保险市场存在时，对比不同利他因子下子代独立当期的陷贫概率发现：有保险时，当人力资本水平处于 [0.033, 0.036] 区间时，$\rho=1$ 时子代独立当期的陷贫概率小于 $\rho=0.9$ 时子代独立当期的陷贫概率；当人力资本水平处于 [0.079, 0.1] 区间时，$\rho=1.05$ 时子代独立当期的陷贫概率小于 $\rho=1$ 时子代独立当期的陷贫概率；当人力资本水平处于 [0.072, 0.079] 区间时，$\rho=1.15$ 时子代独立当期的陷贫概率小于 $\rho=1.05$ 时子代独立当期的陷贫概率，这说明利他因子越大，子代独立当期的陷贫概率下降速度快于利他因子较小时子代独立当期的陷贫概率下降速度。

利他因子度量了父辈对子代的关心程度。利他因子越小，父辈对子代的关心程度越小，父辈会较少关心子代独立当期的效用。而利他因子越大，父辈对子代的关心程度越大，父辈会更多地关注子代独立当期的效用，因此利他因子较大时，父辈购买人寿保险的动力越足。当父辈更愿意购买人寿保险时，如若父辈早逝，人寿保险能够为子代的成长和人力资本的形成提供资金支持，因此子代独立当期的陷贫概率越小。

2. 父辈的相对风险厌恶系数

父辈的相对风险厌恶系数 σ 值度量了父辈对风险的厌恶程度。σ 值越大，父辈对风险厌恶程度越大，σ 值越小，父辈对风险厌恶程度越小。为了更好地研究父辈的相对风险厌恶系数 σ 值和人寿保险防范贫困效果之间的关系，选取不同的 σ 值并分别计算子代独立当期的陷贫概率，结果如图 6-9 所示。

保险市场存在时，对比不同相对风险厌恶系数下子代独立当期的陷贫概率发现：有保险时，当人力资本水平处于 [0.097, 0.16] 区间时，$\sigma=1.25$ 时子代独立当期的陷贫概率小于 $\sigma=1.05$ 时子代独立当期的陷贫概率；当人力资本水平处于 [0.003, 0.005] 区间时，$\sigma=1.5$ 时子代独立当期的陷贫概率小于 $\sigma=1.25$ 时子代独立当期的陷贫概率；当人力资本水平处于 [0.026, 0.033] 区间时，$\sigma=1.75$ 时子代独立当期的陷贫概率小于 $\sigma=1.5$ 时子代独立当期的陷贫概率。这说明相对风险厌恶系数越大时，子代独立当期的陷贫概率下降速度快于相对风险厌恶系数较小时子代独立当期的陷贫概率下降速度。因为当父辈处于抚育期，父辈会关注子代的效

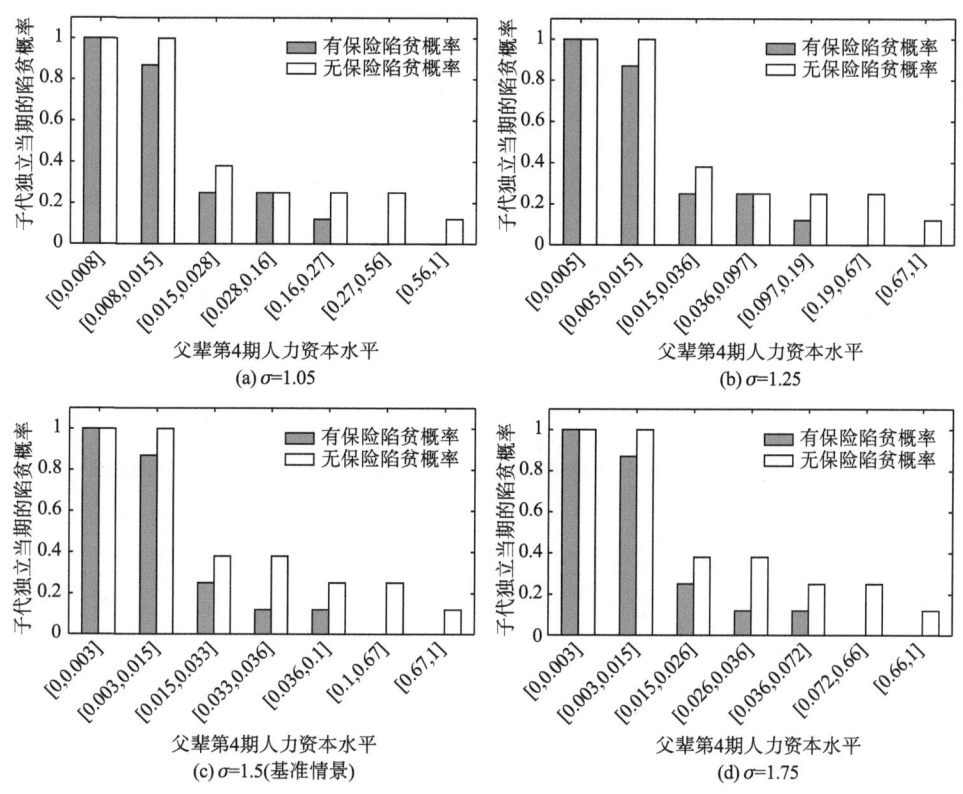

图 6-9 不同 σ 值对子代陷贫概率的影响

用，此时父辈的早逝风险存在，相对风险厌恶系数越大时，父辈厌恶风险的程度越大，购买人寿保险的动力越大，子代因早逝风险陷贫的概率越小。反之，相对风险厌恶系数越小时，父辈厌恶风险的程度越小，购买人寿保险的动力越小，子代因早逝风险陷贫的概率越大。

3. 人寿保险价格

图 6-10 展示了当人寿保险的价格不同时对子代的陷贫概率产生的影响。由图 6-10 可知，当父辈人力资本水平处于 [0.005, 0.008] 区间时，保费打七折时子代的陷贫概率低于保费不打折时子代的陷贫概率；当父辈人力资本水平处于 [0.003, 0.005] 区间时，保费打六折时子代的陷贫概率低于保费打七折时子代的陷贫概率；当父辈人力资本水平处于 [0.013, 0.015] 区间时，保费打五折时子代的陷贫概率低于保费打六折

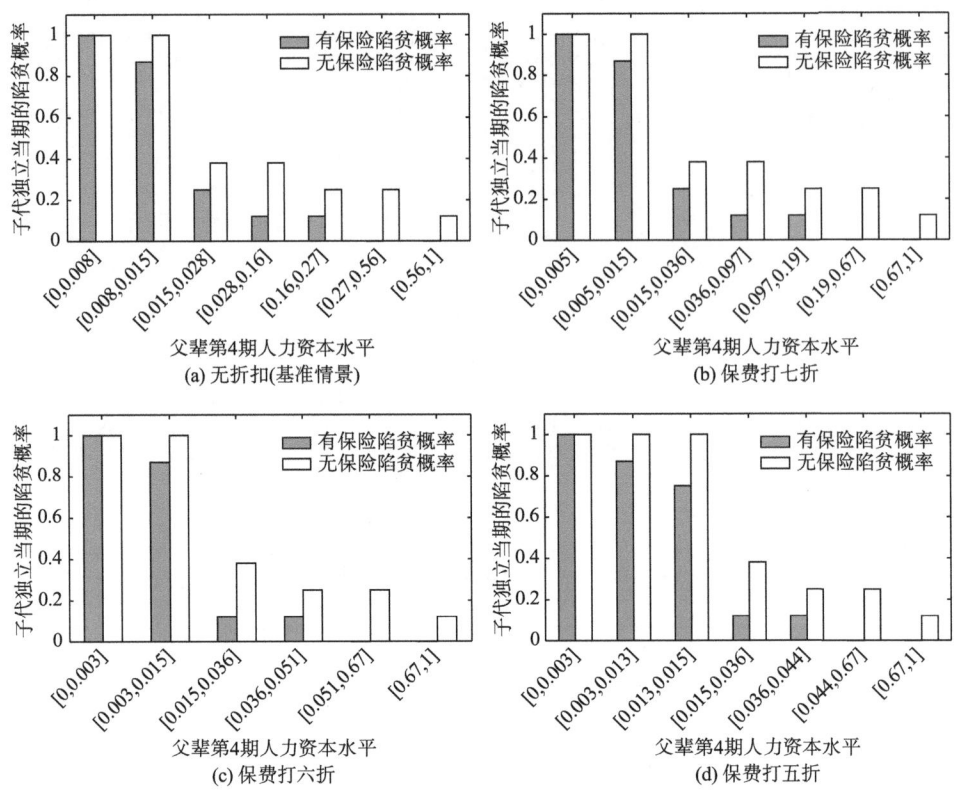

图6-10 不同保费折扣对子代陷贫概率的影响

时子代的陷贫概率。这说明保费的价格越低越有利于降低子代的陷贫概率,因为保费的价格低会增强父辈购买人寿保险的积极性。当政府对低收入人群购买保险进行补偿时,会有助于减少子代的潜在贫困。

6.5 本章小结

2020年底,我国如期完成了新时代脱贫攻坚的目标任务,但是防止返贫仍然是我国现阶段的重要任务。疾病及早逝等风险会导致脱贫家庭返贫,由于人力资本存在代际传递性,早逝风险会导致子代陷入贫困。但是尚未有学者专门针对父辈的早逝风险存在时，人寿保险对子代潜在贫困的防范作用进行研究。基于此，本章从人力资本的代际转移特征出发，研究父辈早逝以及引起的教育投入中断对贫困的影响，以及人寿保险防范贫困的作用。首先建立了一个包含父辈的早逝风险和人寿保险等因素的世代交叠模型。通过数值模拟的方法求解，讨论父辈在不同人力资本水平下的最优人寿保险购买决策。其次使用蒙特卡罗方法模拟出父辈的存活路径，并分别计算出父辈在有无购买人寿保险的情况下子代陷入贫困的概率，对比分析出人寿保险对子代防范贫困的作用。最后对重要参数进行敏感性分析。

研究发现：人寿保险能够帮助子代有效应对父辈的早逝风险，防范子代因父母早逝而陷入贫困；但是父辈的人力资本水平极低或较高时，子代必然贫困或不贫困，人寿保险无防范作用。

通过构建包含父辈的早逝风险和人寿保险等因素的世代交叠模型，本章揭示了当父辈的早逝风险存在时，对于易返贫的脆弱群体，人寿保险对其子代具有显著的防范贫困作用。但在研究过程中也有一些实际问题有待解决，例如，在考虑子代贫困的界定时，采取子代独立当期的财富同贫困线进行比较，未能量化出人寿保险的保险金额对子代人力资本水平提升的贡献量。

根据上述结论，本章为顺利开展防范"因病返贫"提供了一些建议。政府应将人寿保险作为扶贫减贫的重要工具，特别是对于中等人力资本水平的家庭。政策制定者应探索人寿保险对子代人力资本提升的具体贡献，优化产品设计，提高保险覆盖率和赔付效率，以实现更好的减贫效果。

第 7 章

健康保险防范居民陷贫返贫的效应研究

7.1 引言

健康与贫困总是存在极强的相关性并互为因果（Chakraborty et al., 2016）。贫困导致物质缺乏营养不良、生活环境恶劣、无法及时就医等，进而使贫困居民出现健康问题；健康冲击下的医疗费用又使居民陷入贫困或者更加贫困。例如，中国因健康问题导致贫困的贫困户比例在42%以上。健康与贫困互为因果的原因在于：身体禀赋成为贫困居民唯一可透支禀赋；为了逃离贫困，贫困户倾向于透支身体以获取更多收入；但是透支身体意味着未来的健康风险增加，从而更加贫困。

医疗保险在解决健康贫困中具有关键作用。翟绍果和严锦航（2018）认为健康扶贫通过降低农村居民的健康脆弱性、经济脆弱性与社会脆弱性，斩断"贫困—疾病"恶性循环传递链条，进而化解因病致贫、返贫的现实困境。汪三贵和刘明月（2019）在探究了"因病致贫、返贫"发生机理和健康扶贫作用机理的基础上，梳理了现有健康扶贫的主要措施并分析健康扶贫的实施困境。

部分学者通过构建理论模型，研究了健康风险、健康投入、经济增长和贫困问题。Chakraborty et al.（2010，2016）设定健康投入决定患病率，建立长期均衡模型讨论了疾病和健康投入对经济发展的影响。Kunze（2014）设定人力资本是经济增长的引擎、教育投入决定了子辈的人力资本水平，在生存不确定环境下讨论了预期寿命与经济增长的关系。Gori and Sodini（2020）设定健康投入决定居民未来生存时间，讨论了内生劳动供给、生存时间与经济发展的关系。

基于已有文献（Chakraborty et al., 2010, 2016；Kunze, 2014；Gori and Sodini, 2020），本章建立了一个内生健康风险与贫困的经济发展模型。在一个四期 OLG 内生经济增长模型中，具有不同人力资本水平的异质居民拥有相同身体禀赋、并自行决定身体透支程度以赚取更多工资，但其代价是未来健康风险上升；青年时期居民将工资用于消费、储蓄以及对子女的教育，中年时期居民将工资用于消费和储蓄；子代居民的人力资本水平由父代的人力资本水平和父代的教育投入决定。本章在该框架中进一步引入健康保险机制，分析了健康保险的反贫困效果。

Gori and Sodini（2020）的研究内容与本章内容最为接近，但与之相比，本章有以下三点不同：

第一，本章建立了贫困的代际传递性和变异性。大量研究表明，贫困具有明显的代际特征（Harper et al., 2003；Bird et al., 2010；Duarte et al., 2018），但贫困的代际传递也受到众多因素的影响（Bird, 2013），其中教育就是重要因素之一（Bird et al., 2010；Duarte et al., 2018）。基于该结论，本章设定居民的人力资本水平决定了其经济（贫困）状态，父辈的经济（贫困）状态和教育投入决定了子辈的经济（贫困）状态。Gori and Sodini（2020）未考虑经济（贫困）状态的代际传递性和变异性。

第二，本章设定居民拥有相同的身体禀赋，可以选择透支身体在一定程度上赚取更多收入用于储蓄和教育投入，但身体透支越严重、健康风险越高。赚取额外收入是居民选择超时工作的主要原因之一（Hollmann，1979；Golden and Wiens-Tuers，2006）。由于人力资本水平约束使单位工资普遍较低，贫困居民不得不主动或者被迫工作更长的时间，以赚取满足基本生活的收入（Jailer et al.，2015）。但是很多学者（Dembe et al.，2005；Virtanen et al.，2010；Kubo et al.，2021）认为，工作时间越长，居民遭受健康冲击的可能性越大。Gori and Sodini（2020）设定居民的效用来自工作期闲暇和退休期消费，居民通过调节劳动力供给改变储蓄和健康投入的决策约束，进而影响未来生存概率。与之不同的是，本章考虑居民具有异质特征（即不同的人力资本水平）和相同身体禀赋，当透支身体后会面临健康风险。

第三，本章设定健康风险为与身体透支决策有关的患病率和既定的医疗费用。本章假设身体透支会增加居民在中年时期的患病概率以及中老年时期的身体状态，即居民不会立刻死亡，而是支付医疗费用改变预算约束。在该框架下，本章进一步引入健康保险机制，讨论其对贫困和经济增长的影响。Gori and Sodini（2020）设定私人和公共健康投入决定单位化的生存时间（即生存概率），不考虑医疗费用。

由于考虑了贫困的代际传递性和变异性，参考 Lee and Seshadri（2019）的研究成果，本章设定居民的效用不仅来自自身在青年时期、中年时期和老年时期的消费，还来自子辈的终身效用。该设定与 Gori and Sodini（2020）的模型结构有了巨大差异，其稳态经济的证明方法和思路不适用于本章。因此，本章沿用 Lee and Seshadri（2019）的数值方法进行模型求解和讨论。

7.2 含身体透支决策的经济模型

本章建立 OLG 模型来描述经济环境。假设初始经济中有众多拥有不同人力资本水平h_i的异质居民且$h_i \in [0,1]$，每一个居民的一生划分为四个时期：少儿时期（0—19岁）、青年时期（20—39岁）、中年时期（40—59岁）和老年时期（60—80岁）。于是在任意时期，经济中都有老中青幼四代人。假设每代居民的数量都为N，因此经济中任意时期的总人数均为$4N$。

7.2.1 居民

1. 少儿时期

处于少儿时期的居民不作任何决策，只能由其父辈抚育。少儿时期是居民人力资本的形成时期，其人力资本水平$\hat{h}_i$由父辈人力资本水平h_i和教育投入e_i决定（Kunze，2014），即：

$$\hat{h}_i = f(h_i, e_i) = h_i^{\frac{E}{E+e_i}} \tag{7-1}$$

其中：$f'_{e_i}(h_i, e_i) > 0$，$f(h_i, 0) = h_i$，$\lim_{e_i \to \infty} f(h_i, e_i) = 1$。

2. 青年时期

青年时期居民拥有人力资本禀赋和身体禀赋。人力资本禀赋（即h_i）是由父辈决定的；每个居民的身体禀赋是天生的、相同的，本章将其单位化，设$d_1 = 1$。居民可以消耗身体a_{i2}（$0 \leq a_{i2} \leq 1$）以弥补人力资本禀赋的不足，将二者的综合量l_{i2}供给到劳动力市场，以赚取工资。青年时期居民综合劳动力供给量l_{i2}为：

$$l_{i2}(h_i, a_{i2}) = \frac{h_i + a_{i2}^\delta}{1 + a_{i2}^\delta} \tag{7-2}$$

其中：δ表示身体消耗的有效性。

显然，$\frac{\partial l_{i2}}{\partial a_{i2}} > 0$，$\frac{\partial^2 l_{i2}}{\partial a_{i2}^2}$的正负依赖于$\delta$的取值。$h_i \leq l_{i2}(h_i, a_{i2}) \leq \frac{1+h_i}{2}$。

假设该时期（设为第t期）综合劳动力的单位工资为w_t，居民的总收入为$w_t l_{i2}$。居民在该时期会养育一个孩子，并将上述收入用于消费、储蓄和教育。即：

$$w_t l_{i2} = c_{i2} + s_{i2} + e_i \tag{7-3}$$

居民面临借贷约束，即 $s_{i2} \geq 0$；同时，参考 Kovacevic and Pflug（2011）的研究成果，居民还面临消费阈值 $\underline{c}$，当收入小于该阈值时居民将所有收入用于消费。即如果 $w_t l_{i2} < \underline{c}$，则 $s_{i2} = 0$，$e_i = 0$。

青年时期居民的效用 V_2 来自当期消费 $u(c_{i2})$、自身未来的期望效用 V_3 和子辈的终身效用 $\hat{V}_2$。居民面临的终身效用最大化问题可以表示为：

$$V_2(h_i) = \max_{s_{i2}, e_i, a_{2i}} u(c_{i2}) + \beta E[V_3(A_{i3}, d_{i2}, H_i)] + \beta \phi \hat{V}_2(\hat{h}_i) \quad (7-4)$$

其中：β 表示效用贴现因子；A_{i3} 表示中年时期开始之前居民拥有的资产，即青年时期储蓄的本息和 $A_{i3} = s_{i2}(1 + r_{t+1})$；$d_{i2}$ 表示中年时期开始之前居民拥有的身体状况，即 $d_{i2} = 1 - a_{2i}$；H 表示中年时期是否发生疾病，其概率依赖于中年时期开始之前的身体状况，即 $p_i(H = h) = p(d_{i2})$；ϕ 表示居民对子女终身效用的偏好程度，也即利他动机强度。

3. 中年时期

在该时期，居民的子女已经独立。居民根据青年时期决策产生的资产和身体状况进行中年时期决策，依据自身人力资本水平 h_i 决定消耗身体 a_{i3} 以供给综合劳动力 l_{i3}，即：

$$l_{i3}(h_i, a_{i3}) = \frac{h_i(1 + \theta) + a_{i3}^\delta}{1 + a_{i3}^\delta} \quad (7-5)$$

其中：θ 表示居民由于经验、技能等因素导致的人力资本水平增长率。

中年时期居民可能生病，是否生病在中年时期期初发生，生病的概率依赖于其身体状况 d_{i2}，即 $p = p(d_{i2})$。疾病对居民的影响有减少劳动力供给、降低劳动效率、产生医疗费用等。本章将所有影响货币化，假设当患病时居民需支付额外费用 m。

健康居民（$H_i =$ 健康）的预算约束为：

$$A_{i3} + w_{t+1} l_{i3} = c_{i3} + s_{i3} \quad (7-6)$$

患病居民（$H_i =$ 疾病）的预算约束为：

$$A_{i3} + w_{t+1} l_{i3} = c_{i3} + s_{i3} + m \quad (7-7)$$

同样地，居民面临借贷约束（即 $s_{i2} \geq 0$）以及消费阈值 $\underline{c}$，即如果 $A_{i3} +$

$w_{t+1}l_{i3} - m\mathbf{1}_{\{H_i=疾病\}} < \underline{c}$，则 $s_{i3} = 0$。

中年时期居民的效用 V_3 来自当期消费 $u(c_{i3})$ 和自身未来的期望效用 V_4。居民面临的终身效用最大化问题可以表示为：

$$V_3(A_{i3}, d_{i2}, H_i, h_i) = \max_{s_{i3}, a_{i3}} u(c_{i3}) + \beta V_4(A_{i4}, d_{i3}) \tag{7-8}$$

其中：A_{i4} 表示老年时期开始之前居民拥有的资产，即中年时期储蓄的本息和 $A_{i4} = s_{i3}(1+r_{t+2})$；$d_{i3}$ 表示老年时期开始之前居民拥有的身体状况，即 $d_{i3} = d_{i2} - a_{i3}$。

4. 老年时期

在该时期，居民根据中年时期决策产生的资产和身体状况进行消费。由于居民在该时期后死亡，因此居民将所有身体禀赋都置换为货币，并全部消费。即：

$$V_4(A_{i4}, d_{i3}) = u(c_{i4}) \tag{7-9}$$

其中：$c_{i4} = A_{i4} + \rho\, d_{i3}$；$\rho$ 表示身体状况 d_{i3} 的货币价格①。

7.2.2 企业

假设经济中具有大量的生产同一消费品的企业，每一个企业都是价格的接受者。每一个企业的生产要素都是资本和综合劳动力。社会总产出函数可以表示为：

$$Y = F(K, L) = AK^\alpha L^{1-\alpha} \tag{7-10}$$

其中：A 表示全要素技术水平，α 表示资本的边际产出效率。

企业根据资本价格和劳动力价格决定资本和劳动力雇佣量，即面临的问题为：

$$\max_{K,L} AK^\alpha L^{1-\alpha} - (1+r)K - wL \tag{7-11}$$

另 $k = \dfrac{K}{L}$，上述问题的解可以表示为：

---

① 一些学者使用 CES 型效用函数（Constant Elasticity of Substitution Function）建立消费与身体的效用，如 Yogo（2016）。本章直接将身体状况货币化。原因在于：第一，二者并无本质不同，身体状况的货币价格可以通过 CES 型效用函数与货币化后的幂效用函数求出；第二，本章后续引入健康保险，其主要是对风险进行货币补偿，该处货币化能使文章前后一致。

$$\alpha A k^{\alpha-1} = 1 + r \quad (7-12)$$

$$(1-\alpha) A k^{\alpha} = w \quad (7-13)$$

7.2.3 均衡

用 G_t 表示第 t 代青年居民的人力资本水平分布，有 $\int_0^1 dG_t = 1$。于是，第 t 期劳动力总供给为：

$$L_t^s = N\int_0^1 l_{i3}^{(t-1)} dG_{t-1} + N\int_0^1 l_{i2}^{(t)} dG_t \quad (7-14)$$

其中：$l_{i3}^{(t-1)}$ 表示第 $t-1$ 代初始人力资本水平为 i 的居民在中年时期的劳动力供给；类似地，$l_{i2}^{(t)}$ 表示第 t 代初始人力资本水平为 i 的居民在青年时期的劳动力供给。

资本市场的总供给为：

$$K_t^s = N\int_0^1 s_{i3}^{(t-2)} dG_{t-2} + N\int_0^1 s_{i2}^{(t-1)} dG_{t-1} \quad (7-15)$$

其中：$s_{i3}^{(t-2)}$ 表示第 $t-2$ 代初始人力资本水平为 i 的居民在中年时期的储蓄；类似地，$s_{i2}^{(t-1)}$ 表示第 $t-1$ 代初始人力资本水平为 i 的居民在青年时期的储蓄。

定义：如果要素价格 (w,r) 与决策准则满足以下条件，则经济达到稳态均衡：

（1）给定要素价格，处于各时期的居民的决策都是最优的；

（2）厂商实现了利润最大化；

（3）资本市场和劳动力市场出清且稳定，即：

$$K_t = K_t^s = \overline{K}, L_t = L_t^s = \overline{L} \quad (7-16)$$

（4）人力资本分布是稳定的，即 $G_t = G_{t+1} = \overline{G}$。

7.3 量化分析

上述模型很难求出显示解。本章基于已有文献和中国实际情况设置参数，然后对上述模型进行数值求解并进行量化分析。

7.3.1 参数校准

1. 偏好参数

参考 Imrohoroglu and Zhao（2018）等的研究成果，假设居民的效用函数形式为 CRRA 型效用函数，并且相对风险厌恶系数设为 $\gamma = 3$。参考 Lee and Seshadri（2019）的研究成果，一年效用贴现因子设为 0.98，即 $\beta = 0.98$[20]。ϕ 是利他动机强度，衡量了父辈对子辈终身效用的偏好程度，参考汪伟（2017）的研究成果，设定 $\phi = 1$。

2. 人力资本与劳动力参数

参数 E 控制了教育投入提升下一代人力资本水平的有效性，因为人力资本水平 $h \in [0,1]$，因此 E 越大，教育投入的有效性越差。本章根据设定的工资上下限，设定 $E = 50000$ 元。δ 控制了身体透支提升当期人力资本水平的有效性，因为身体透支 $a \in (0,1)$，因此 δ 越大，身体透支的有效性越差。本章设定 $\delta = 0.7$。θ 衡量了工作经验带来的人力资本水平增长程度，本章设 $\theta = 0.5$。ρ 衡量了老年时期居民对身体状况的心理价格（也可以理解为老年时期居民要维系到正常死亡年龄所需费用）。基于设定的工资上下限，本章设定 $\rho = 500000$ 元。

3. 生产函数参数

α 度量了资本的产出弹性，参考 Kehoe and Perri（2002）的研究成果，设 $\alpha = 0.35$。A 度量了全要素生产率，但是数值模拟时通常被用以调节工资和利率水平（Chakraborty et al., 2016; Lee and Seshadri, 2019），本章设定 $A = 20000$。

4. 经济参数

居民面临消费阈值 $\underline{c}$，当收入低于 $\underline{c}$ 时，居民将所有收入用于消费。根据中国民政部2020年第四季度统计数据[①]，城市最低生活保障平均标准为677.6元/人·月，农村最低生活保障平均标准为5962.3元/人·年，因此设 $\underline{c} = 140000$ 元（7000元/人×20年）。根据2020年中国家庭追踪调查（CFPS）数据和理论模型关于中年时期年龄的设定，因病住院居民过去12个月的人均医疗费用为18160元，因此设 $m = 400000$ 元（20000元/人×20年）。

5. 人口参数

本章设定每一代人口数量 N 是不变的。初始时刻，青年时期、中年时期和老年时期人力资本分布是相同的，即 $G_0 = G_{-1} = G_{-2}$。参考 Liao et al. (2020) 的研究成果，中国农村居民收入分布可以用参数为8.8404和0.4342的 log-logistic 分布进行拟合。本章近似将 log-logistic (8.8404, 0.4342) 作为初始人力资本水平分布。

基准参数如表7-1所示。

表7-1　　　　　　　　　　　基准参数

参数符号	参数含义	参数校准值
γ	风险厌恶系数	3
β	效用贴现因子	0.98^{20}
ϕ	利他动机强度	1
E	教育投入的有效性	50000
δ	身体透支的有效性	0.7
θ	人力资本水平增长率	0.5
ρ	身体状况的心理价格	50000元
α	资本的产出弹性	0.35
A	调节系数	20000

[①] http://www.mca.gov.cn/article/sj/tjjb/qgsj/2020/202004.html。

续表

参数符号	参数含义	参数校准值
$\underline{c}$	消费阈值	7000 元/人 × 20 年
m	医疗费用	20000 元/人 × 20 年
G_0, G_{-1}, G_{-2}	初始人力资本水平分布	log-logistic (8.8404, 0.4342)

7.3.2 动态路径

基于表 7-1 中的参数,我们可以求解居民效用最大化模型,并基于此求解劳动力动态路径、资本动态路径,以及每单位劳动力资本(资本总量/劳动力总量)动态路径。如图 7-1 所示。

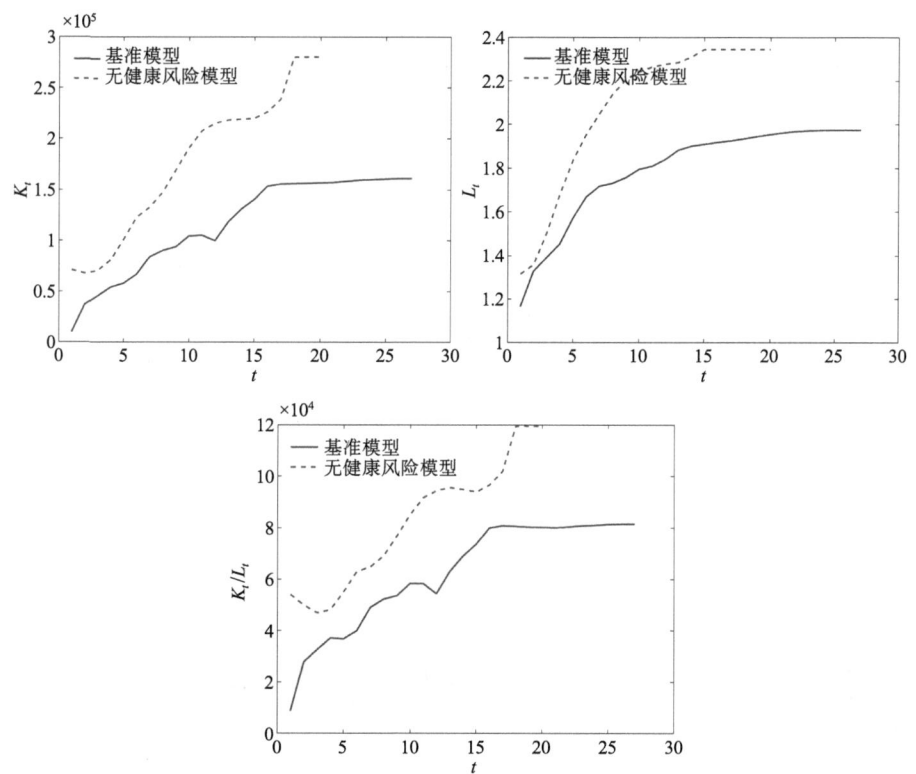

图 7-1 基准模型和无健康风险模型的动态路径[①]

---

① 初始工资水平按照 2020 年中国城镇居民人均可支配工资性收入 26381 元计算,设 $w_0 = 520000$;初始利率按照年化收益率 3% 计算,设 $r_0 = 0.8061$。

图 7-1 中的基准模型是根据表 7-1 中的基准参数求解的 (7-1) 式至 (7-16) 式的动态路径；无健康风险模型是设定医疗费用 $m=0$，并根据表 7-1 基准参数求解的 (7-1) 式至 (7-16) 式的动态路径。对比基准模型和无健康风险模型的动态路径，可以得到健康风险对经济动态路径的影响。

根据图 7-1，健康风险对经济产生不利的影响：当存在健康风险时，稳态下的经济总资本、总劳动力和每单位劳动力资本都低于无风险状态下的经济量。接下来我们分析出现这种结果的原因。

7.3.3 稳态与贫困陷阱

稳态下，人力资本（经济状态）的代际传递如图 7-2 所示。

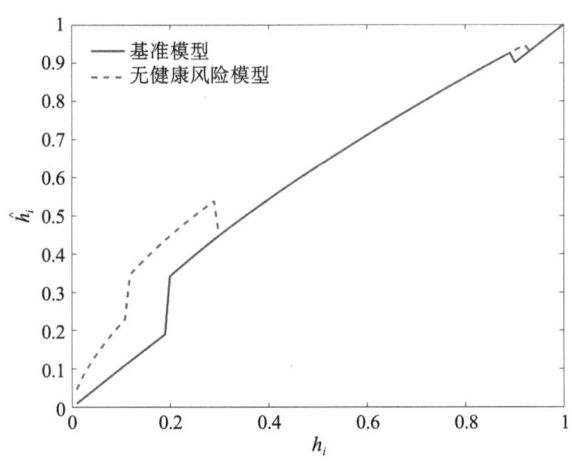

图 7-2 人力资本（经济状态）的代际传递

图 7-2 展示了在稳态下，不同人力资本水平的居民在作出最优决策以后其子代的人力资本水平。

观察图 7-2 中的实线，在基准模型下，经济会有两类稳态居民：一类是低人力资本水平的居民（人力资本水平低于 0.19）；另一类是高人力资本水平的居民（人力资本水平高于 0.9）。对于这两类居民，他们都不会主动进行教育投入去改变目前的人力资本水平。而处于中间的居民（人力资本水平介于 0.2 到 0.89 之间），他们会进行教育投入提高子辈人力资本水平，直至其后代的人力资本水平高于 0.9。也就是说，异质居民在经历一定时期的经济发展后会积聚为两类：一类是贫困居民，即初始人力资本水平低于 0.19 的那些居民；另一类是富裕居民，即初始人力资本水平高于 0.2 的居民。在没有外力帮助下，第一类居民会长期陷入贫困。

观察图 7-2 中的虚线，在无健康风险模型下，经济只有一类稳态居民，即高人力资本水平的居民（人力资本水平高于 0.93）。对于初始人力资本水平低于 0.93 的居民，他们会进行教育投入提高子辈人力资本水平，直至其后代的人力资本水平高于 0.93。也就是说，异质居民在经历一定时期的经济发展后都会实现富裕。没有健康风险是出现这种结果的主要原因。当不存在健康风险时，低人力资本水平居民会选择透支身体以赚取更多收入，以进行教育投入实现人力资本增长。但是当存在健康风险时，居民会权衡透支身体对未来的影响（医疗费用增加）。两类模型的差异如图 7-3 所示。

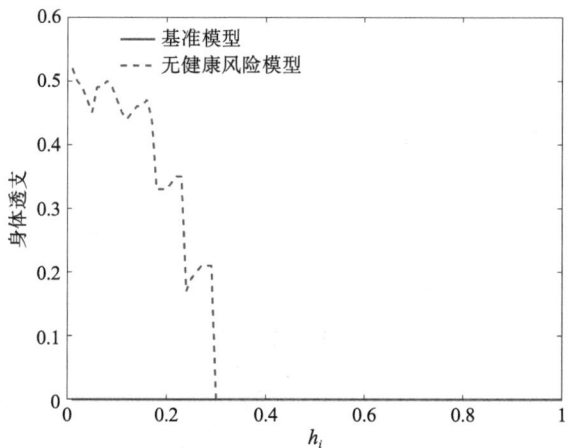

图 7-3　不同人力资本水平居民在青年时期的身体透支①

---

① 本章采用格点法求解居民最优决策，因此可能出现不连续变化的情况。

图 7-3 进一步印证了以上解释，即无健康风险时，低人力资本水平的居民会透支身体实现人力资本的增长；但有健康风险时（基准模型），所有居民都不会透支身体。

与图 7-2 对应，图 7-4 进一步展示了异质居民的积聚结果。

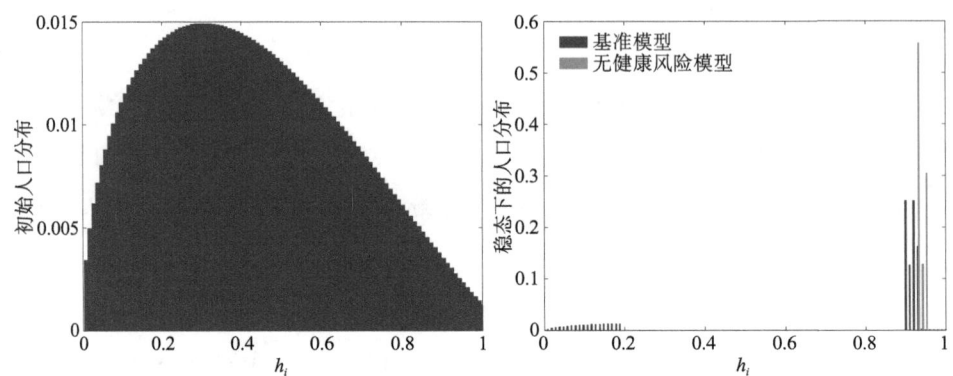

图 7-4 不同人力资本水平居民初始分布与稳态分布

在本章模型框架下，初始呈 log-logistic 分布的异质居民在经济长期经济发展以后会呈现积聚效应。在基准模型下，异质居民收敛至两种状态：贫困状态（占比 19.52%）和富裕状态（占比 80.48%）。在无健康风险模型下，所有异质居民均收敛至富裕状态，并且无健康风险模型下的居民比基准模型下的居民更加富裕（人力资本水平更高）。原因在于，无健康风险模型下居民可以透支身体实现更多的教育投入，从而达到更高的人力资本水平。

在其他条件不变的情况下，健康风险是阻碍居民摆脱贫困的主要原因，那么是否存在健康保险机制能够帮助居民摆脱贫困？本章余下部分将对此进行研究。

7.4 健康保险扶贫效果研究

7.4.1 健康保险机制设定

本节考虑一种相互制健康保险制度。在该制度下，居民在无健康风险青年期按照工资的一定比例 τ 缴纳健康保险税；在中年时期，如果居民遭遇健康风险，则该制度对其进行补偿。

在该制度下，本章设立两种方案：

方案 A：所有居民均缴纳健康保险税。

方案 B：消费阈值以上的居民缴纳健康保险税，消费阈值以下的居民不缴纳健康保险税。

1. 方案 A

青年时期居民的预算约束变为：

$$(1-\tau)w_t l_{i2} = c_{i2} + s_{i2} + e_i \tag{7-17}$$

同样地，居民面临借贷约束 $(s_{i2} \geqslant 0)$ 和消费阈值 $\underline{c}$，即如果 $(1-\tau) w_t l_{i2} < \underline{c}$，则 $s_{i2} = 0$，$e_i = 0$。

由于遭受健康冲击的中年时期居民能够得到医疗费用的补偿，因此无论居民健康与否，其预算约束均为：

$$A_{i3} + w_{t+1}l_{i3} = c_{i3} + s_{i3} \tag{7-18}$$

其与 (7-6) 式完全相同。

设定该制度是自融资的，所有居民在青年时期的总税收正好与中年时期的总医疗费用相等，即 τ 由下式决定：

$$(1+r_{t+1})N\int_0^1 \tau w_t l_{i2} d\,G_t = Nm\int_0^1 p(d_{i2})d\,G_t \tag{7-19}$$

在该制度背景下，资本市场的总供给为：

$$K_t^s = N\int_0^1 s_{i3}^{(t-2)} dG_{t-2} + N\int_0^1 s_{i2}^{(t-1)} dG_{t-1} + N\int_0^1 \tau w_{t-1} l_{i2}^{(t-1)} dG_{t-1}$$

(7-20)

与（7-15）式相比，（7-20）式增加了第三项，即医疗保险制度带来了新的资本积累。

以（7-18）式替代（7-3）式，以（7-19）式替代（7-6）式和（7-7）式，以（7-20）式替代（7-15）式，可以对原有经济系统定义新的稳态。本章基于表7-1中的基准参数，对含有医疗保险制度（方案A）的经济系统进行分析。

2. 方案B

青年时期居民的预算约束变为：

$$(1 - \tau \cdot 1_{\{(1-\tau)w_t l_a \geq \underline{c}\}}) w_t l_{i2} = c_{i2} + s_{i2} + e_i \quad (7-21)$$

同样地，居民面临借贷约束（$s_{i2} \geq 0$）和消费阈值 $\underline{c}$，即如果 $(1-\tau) w_t l_{i2} < \underline{c}$，则 $s_{i2} = 0$，$e_i = 0$。由于遭受健康冲击的中年时期居民能够得到医疗费用的补偿，因此无论居民健康与否，其预算约束仍然为（7-18）式所示。

设定该制度是自融资的，所有缴税居民在青年时期的总税收正好与中年时期的总医疗费用相等，即 τ 由下式决定：

$$(1+r_{t+1}) N\int_0^1 \tau w_t l_{i2} \cdot 1_{\{(1-\tau)w_t l_a \geq \underline{c}\}} dG_t = Nm\int_0^1 p(d_{i2}) dG_t \quad (7-22)$$

在该制度背景下，资本市场的总供给为：

$$K_t^s = N\int_0^1 s_{i3}^{(t-2)} dG_{t-2} + N\int_0^1 s_{i2}^{(t-1)} dG_{t-1} + N\int_0^1 \tau w_{t-1} l_{i2}^{(t-1)} \cdot 1_{\{(1-\tau)w_t l_a \geq \underline{c}\}} dG_{t-1}$$

(7-23)

以（7-21）式替代（7-3）式，以（7-22）式替代（7-6）式和（7-7）式，以（7-23）式替代（7-15）式，可以对原有经济系统定义新的稳态。本章基于表7-1的基准参数，对含有医疗保险制度的经济系统（方案B）进行分析。

7.4.2 动态路径

基于表7-1中的基准参数，我们可以求解含有医疗保险制度时的居民效用最大化模型，并以此为基础求解资本动态路径、劳动力动态路径，以及资本/劳动力动态路径。如图 7-5 所示。

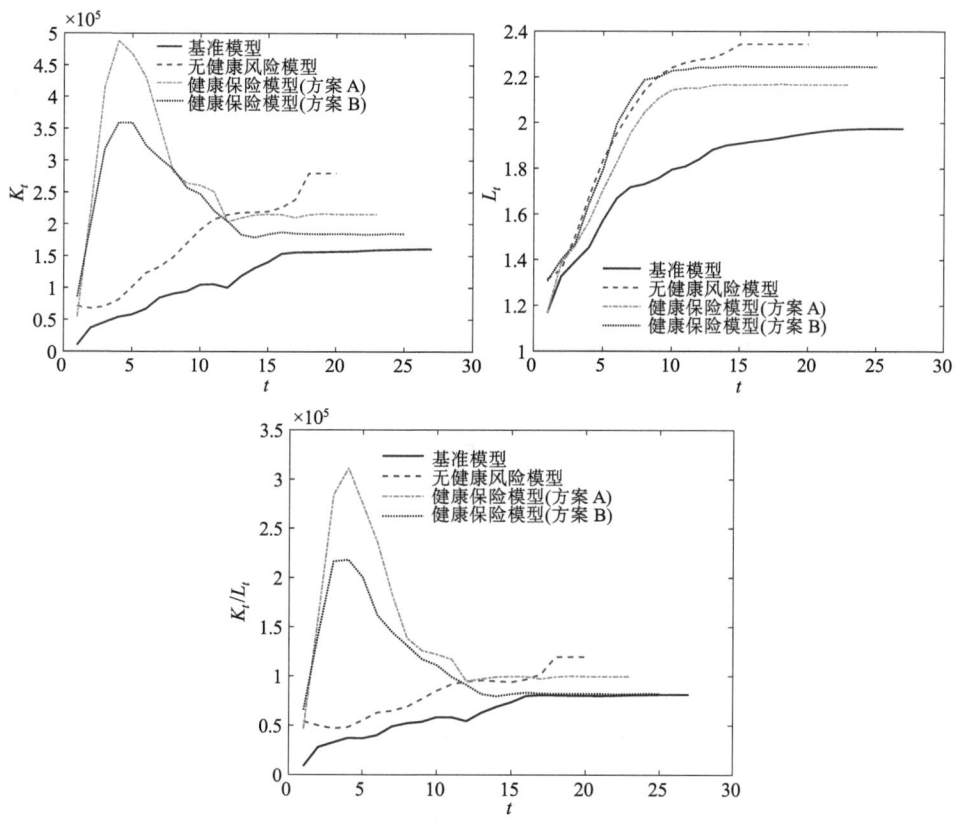

图 7-5 健康保险下的经济动态路径

图 7-5 中"----"点线和"……"点线分别展示了方案 A 和方案 B 的资本增长路径、劳动力增长路径和资本/劳动力增长路径。对比基准模型、无健康风险模型和含健康保险模型的动态路径，可以得到健康保险对经济动态路径的影响。

无论是方案 A 还是方案 B，健康保险制度都能够缓解健康风险对经济产生的不利影响。当引入健康保险机制时，稳态下的经济总资本、总劳动力、总资本/总劳动力都高于基准模型下的经济量，但低于无风险状态下的经济量。也就是说，健康保险能够缓解但不能完全消除健康风险对经济产生的不利影响。

但是方案 A 和方案 B 对经济总量的影响是不一致的：相对于方案 B，方案 A 带来了更高的资本总量、更低的劳动力总量，以及更高的每单位劳动力资本。下一节将进一步分析出现该现象的原因。

7.4.3 稳态与健康保险扶贫

稳态下，含健康保险制度的人力资本（经济状态）的代际传递如图 7-6 所示。

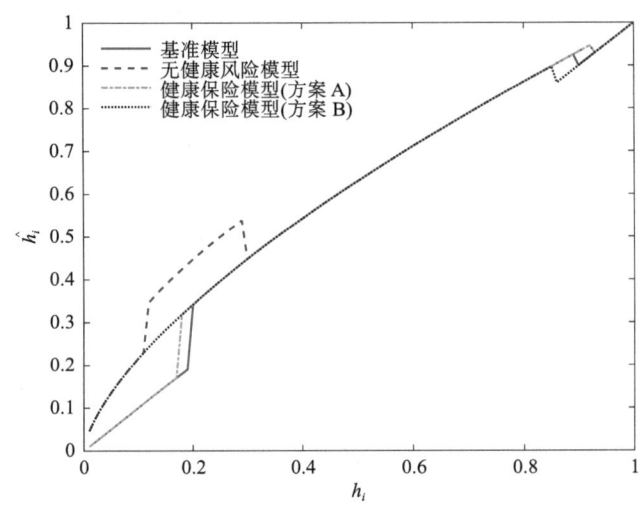

图 7-6 含健康保险制度下的人力资本（经济状态）的代际传递

图 7-6 展示了在基准模型、无健康风险模型、健康保险模型（方案 A）和健康保险模型（方案 B）下的经济稳态下，不同人力资本水平的居民在做出最优决策以后其子代的人力资本水平。

由图 7-6 可以看出，健康保险模型（方案 A）下的人力资本（经济状态）的代际传递（"------"点线）与基准模型（"———"点线）的结构是一致的，即部分居民的人力资本永久不变地处于低水平，其他居民的人力资本水平会逐渐增长，直至永久不变地处于高水平。健康保险模型（方案 B）改变了基准模型下人力资本的代际传递规则，更贴近于无健康风险下的人力资本代际传递规则。表 7-2 展示了上述四种情况下的阈值。

表 7-2　　　　　　　　　　　稳态阈值

	贫困阈值	富裕阈值
基准模型	0.19	0.9
无健康风险模型	—	0.93
健康保险模型（方案 A）	0.17	0.93
健康保险模型（方案 B）	—	0.86

图 7-6 和表 7-2 显示，相比基准模型，健康保险模型（方案 A）的影响体现在两个方面：一方面，健康保险模型（方案 A）降低了贫困阈值，也就是说，健康保险模型（方案 A）的引入使人力资本水平为 0.18 和 0.19 的居民脱贫。基于图 7-4 的数据，这部分人群在总人口中的比例为 2.76%，占总贫困人口的 14.12%。另一方面，健康保险模型（方案 A）提高了富裕阈值，即健康保险模型（方案 A）的引入使高水平稳态的阈值上升至 0.93。人力资本水平高于 0.93 的居民不会再谋求子代人力资本水平的提升。

健康保险模型（方案 B）的影响更为深刻：健康保险模型（方案 B）的引入使所有居民摆脱贫困。也就是说，由于富裕居民共同承担了全社会的医疗费用，贫困陷阱内的居民可以通过透支身体增加收入和教育支出实现人力资本代际增长，最终摆脱贫困。但由于承担了健康保险税，富裕居民的"富裕程度"下降，也即富裕阈值下降。

相对于健康保险模型（方案 A），健康保险模型（方案 B）设定处于贫困陷阱的居民不承担健康保险税，因此贫困居民更愿意透支身体以实现脱贫；因为承担了健康保险税，为了与税收贡献一致，非贫困居民也会透支身体以"收支平衡"。最终的结果是，健康保险模型（方案 B）下的总劳动力更多、单位劳动力工资更低、资本总量更低。

7.4.4　健康保险制度的福利影响

根据上述结果，健康保险模型（方案 A）使稳态下的经济总量更高，并且能够帮助 14.12% 的贫困居民摆脱贫困；健康保险模型（方案 B）使稳态下的经济每单位劳动力资本保持不变，但能够帮助所有贫困居民摆脱贫困。但是，健康保险制度的上述作用是否以损害其他居民的福利为代价？换句话说，健康保险制度是否是一种帕累托改进？本节予以分析，其结果如图7-7所示。

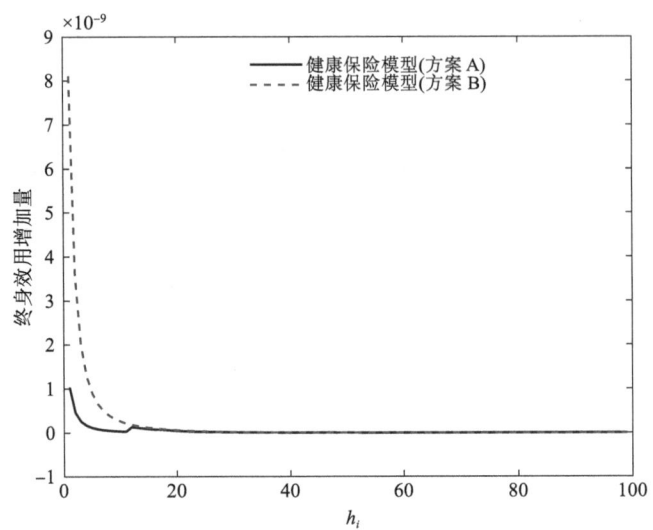

图7-7 健康保险制度对不同人力资本水平居民的福利影响
（纵轴是"健康保险下的效用－基准模型的效用"）

图7-7显示，健康保险模型（方案A）提高了所有居民的终身效用，健康保险模型（方案B）提高了绝大多数居民的终身效用[①]，并且健康保险模型（方案A）和健康保险模型（方案B）均使社会总福利增加。也就是说，健康保险模型（方案A）是一种帕累托改进：相比基准模型，健康保险模型（方案A）使经济总量上升、帮助部分居民摆脱贫困，并且提高了所有居民的终身效用。健康保险模型（方案B）是一种有效的扶贫制度：相比基准模型，健康保险模型（方案B）以极低的、少数居民的福利损失为代价，使所有贫困居民通过透支身体实现人力资本增长、摆脱贫困。

一些保险公司也对健康保险扶贫进行了实践，我们搜集整理了阳关寿险健康保险扶贫案例。

---

① 图7-7中效用增加值为负的居民并未清晰展示。但健康保险模型（方案B）下，人力资本水平处于 [0.96，1] 的居民的效用增加值为负。也就是说，健康保险模型（方案B）不是一种严格的帕累托改进。

案例 2　　阳光寿险住院补充医疗保险扶贫模式

项目介绍：2020年12月11日，阳光人寿宣布向云南省楚雄州武定县猫街镇五拃甸村、百子村的建档立卡户及贫困边缘户的每位家庭成员捐赠住院补充医疗保险保障，且2020—2024年阳光人寿持续为这两个村捐赠该保险保障；自2021年起，阳光人寿将住院补充医疗保险保障的捐赠范围扩展至五拃甸全村居民；2023年10月，阳光人寿扩大捐赠范围，向云南省玉溪市峨山县甸中镇的1611名建档立卡户及边缘易致贫等人员捐赠此份保障；2024年1月，阳光人寿进一步扩大捐赠覆盖范围，向文山州砚山县干河村捐赠该住院补充医疗保险，惠及107户416人。

具体措施：保费由阳光人寿100%承担；针对方案对象，对于每次住院必要且合理的住院费用，按如下约定给付保险金：发生保险事故时，被保险人享有城乡居民基本医疗保险，在被保险人已按城乡居民基本医疗保险有关规定取得医疗费用补偿后，公司在保险金额范围（每人最高赔付额度10万元）内，按照被保险人实际支出的必要且合理的上述费用100%给付医疗保险金。

取得的成效：截至目前，该份保障已先后惠及楚雄州五拃甸村、百子村、玉溪市甸中镇和文山州干河村的3686名彝族群众，合计8380人次，保额累计达8.38亿元。截至2024年12月，累计赔付319人次，累计赔付69.8万元，其中单笔最高赔付达到92352.05元。

住院补充医疗保险的扶贫效果主要体现在：一是该保险保障降低了居民自付的高额住院费用，且保费由阳光人寿承担，避免了贫困边缘家庭出现返贫现象；二是全额赔付的保障提高了医疗保障的安全感和实用性，增强了人们的健康保障意识；三是此举措有效结合了城乡居民基本医疗保险和商业保险，能够实现公共保险与私人保险的优势互补，保障了更多居民的健康权益，有助于构建更加完善的社会保障体系。

7.5 本章小结

本章基于一个四期 OLG 内生经济增长模型,建立了一个内生健康风险与贫困的经济发展模型,呈现了健康风险对经济增长以及贫困的影响;在该框架中进一步引入健康保险机制,分析了健康保险的反贫困效果。

研究表明:第一,在已有最低消费水平限制下,健康风险是造成贫困陷阱的主要原因,并且相对于无风险环境,健康风险使经济资本总量、劳动力总量、资本/劳动力均下降。第二,本章引入的健康保险机制可以缓解(但是不能完全消除)健康风险对经济的消极影响,其中:方案 A 可以帮助处于贫困阈值下方的部分居民(14.12% 的贫困居民)摆脱贫困,并且该方案是一种帕累托改进;方案 B 可以帮助处于贫困阈值下方的所有居民摆脱贫困,并使社会总福利增加,但该方案以损失少数富人的福利为代价。

本章是 Chakraborty et al. (2010,2016)、Kunze (2014)、Gori and Sodini (2020) 等文献的发展,主要贡献在于通过设定身体透支决策而内生化健康风险,并以此为切入点建立了一个内生健康风险与贫困的经济发展模型,用以讨论健康风险、健康保险对经济以及贫困的影响。

根据上述结论,本章为顺利开展防范"因病返贫"提供了一些建议。政府应推广健康保险以防范因健康风险导致的贫困,特别是针对贫困阈值下方的居民。同时,设计保险方案时需平衡不同收入群体的利益,确保保险政策公平有效,促进社会福利最大化。

第8章

本书总结和未来研究方向

8.1 本书总结

本书以保险防范贫困为研究主题，全面研究了财产保险和人身保险对防范贫困的作用，下面我们对本书的研究方法和研究结论进行总结。

8.1.1 研究方法总结

本书基于经济学基本框架和模型建立研究问题所适用的模型，运用严密的数学推导得到研究的理论结论，根据现实情况的参数进行模拟得到理论结论的现实含义，最终使研究具有较强的指导意义。由于灾害和伤病是致贫返贫的主要诱因，但灾害风险和健康风险的属性不同，我们在不同的经济学模型中分别研究农业保险和人身保险对防范贫困的作用。但是研究思路基本相同，即首先在经济学模型中引入风险，进而引入保险以管理风险，并通过对比无风险、有风险无保险、有风险有保险等情况，得到保险对防范贫困的效应。

本书以经济学中的多重均衡模型为基本研究框架，并根据灾害风险和健康风险的特点分别建立不同的模型展开研究。灾害风险主要导致传统农村居民陷贫返贫,而传统农村居民主要以农业生产为主,因此本书为农村居民建立了一系列多重均衡 RCK（Ramsey – Cass – Koopmans）模型并将低均衡状态定义为贫困,研究农业保险及其相关产品对贫困的帮扶和防范作用。健康风险是所有居民都会面临的风险,而居民的主流特征是提供劳动力、赚取工资,因此本书建立一系列交叠世代（Overlapping Generation Model, OLG）模型并将低于阈值定义为贫困,研究人寿保险和健康保险对贫困的防范作用。在两类模型中,通过对比不同保险覆盖、保险机制下的贫困状况,本书得到保险在帮扶贫困、防范贫困方面的作用,并讨论了改进措施。

8.1.2 研究结论总结

根据以上研究方法,我们得到了相应结论。概括来说,本书认为:其一,保险扶贫具有一定的边界,即单独的、市场化的保险机制很难对深度贫困发挥帮扶作用;其二,保险扶贫防贫需要一定的外部支持,例如,农业保险保费补贴、健康保险保费补贴（或共担）,方能发挥最大效果;其三,保险在反贫困领域的重大意义在于消除隐性贫困,即通过合适的保险机制,居民的风险脆弱性被完全消除。

具体而言,本书的结论包括:

第一,基于不同财富个体采取不同效率生产技术的事实,本书建立了一系列多重均衡模型,讨论了一个帮助贫困农民摆脱贫困陷阱的方法。研究发现:农民没有参保时,资本水平低于 6.166（合年收入 2675 元/人）的个体一定陷入贫困陷阱,而资本水平略高于 6.166 的个体可能陷入贫困陷阱,且随着资本水平的提高,破产概率降低。农民参保后（以 50% 补贴为例）,则只有资本水平低于 5.787（合年收入 2511 元/人）的个体陷入贫困陷阱。参保帮助资本水平介于 5.787 和 6.166 的贫困农民"爬出"了贫困陷阱。这部分贫困农民约 802 万人,占所有贫困人口的 10.03%。另外,参保还确保资本水平略高于 6.166 的个体由"可能陷入贫困陷阱"变为

"一定不会陷入贫困陷阱",这部分贫困农民约 1493 万人,占 18.67%。

第二,小额保险不仅是金融精准扶贫的重要手段,也是精准扶贫体系的重要支撑工具。基于前景理论和农村居民收入水平的实际情况,结合精准扶贫内涵,本书建立了一个评价保险减贫效应的动态系统理论模型,借此讨论小额保险精准扶贫效应问题。研究发现:保险对农村不同收入水平个体的减贫效应存在差异,因此本书将扶贫对象精准划分为显性贫困、潜在绝对贫困和潜在相对贫困三类。进而发现,单独的保险工具无法彻底解决深度贫困(显性贫困)问题,并且传统保险会恶化绝对贫困现状,但是小额保险能有效减少农村绝对贫困总人数和相对贫困总人数,传统保险也能大幅改善农村相对贫困现状。具体来说,小额保险在减少潜在绝对贫困上表现出优越性;传统保险在减少潜在相对贫困上表现出优势;而作为金融扶贫的一种创新模式,"小额保险+信贷"是解决深度贫困(显性贫困)问题的有效工具。

第三,农村金融是农村经济发展的重要内生动力,创新金融扶贫体制对我国深度贫困地区的脱贫攻坚工作具有重要意义。本书基于多重均衡模型,对比研究了信贷、保险、"信贷+保险"三类金融产品的扶贫效果,在不同的信贷和保险产品结构下计算破产陷贫概率,进而得出金融扶贫产品的精准设计,以创新金融扶贫体制,从而啃下我国深度贫困的"硬骨头"。研究表明:单独信贷产品扶贫无效;保险能够帮助阈值以上人群彻底摆脱潜在贫困,但对深度贫困无效;"信贷+保险"能解决一定程度的深度贫困问题,比单独信贷或单独保险的扶贫效果更好。

第四,贫困问题是国际社会关心的热点问题。2020 年我国打赢了脱贫攻坚战,完成了消除绝对贫困的任务;如何防范返贫是下一阶段的重要议题。本书研究人寿保险对父辈早逝带来贫困的防范作用。从人力资本的代际转移特征出发,建立了一个包含父辈早逝风险和人寿保险的多期世代交叠模型,求解了父辈购买人寿保险的最优决策,并模拟计算了父辈在有无购买人寿保险时子代陷入贫困的概率,通过对比分析讨论了人寿保险对子代潜在贫困的防范作用。研究表明:人寿保险能够帮助子代有效应对父辈的早逝风险，防范子代因父母早逝而陷入贫困；但是父辈的人力资本水平极低或较高时，子代必然贫困或不贫困，人寿保险无防范作用。

第五，考虑到健康与贫困总是存在极强的相关性并互为因果，因此本书建立了一个内生健康风险与贫困的经济发展模型，呈现了健康风险对经济增长以及贫困的影响，并进一步引入健康保险机制，分析了健康保险的反贫困效果。研究表明：健康风险是贫困的主要原因之一，健康风险使经济萎缩；健康保险可以缓解但不能完全消除健康风险对经济的消极影响；恰当的健康保险安排可以使部分甚至全部贫困居民摆脱贫困。

8.1.3 研究局限性

本书围绕灾害风险和健康风险，通过构建理论模型，探究了风险和保险对经济和贫困的影响。研究发现：合适的保险机制能够有效发挥减贫效果。但本书研究仍存在一定的局限性，具体而言：

第一，首先，第3章建立的模型仅考虑了农业产出的不确定性，未考虑到自然灾害对农业资本存量的直接破坏。其次，模型将农业生产视作一个孤立系统，而在现实中，农村经济个体通常还会从事非农经济活动，并与城市经济存在密切联系，这些都没有包含在模型中。最后，模型假设所有农户在面临相同的农业环境和政策条件下会作出类似的决策，忽略了不同地区、不同农户的异质性。

第二，第4章主要关注小额保险对减贫的影响，但减贫是一个多维度问题，可能需要综合多种政策和干预措施。本章未能充分探讨小额保险与其他减贫措施的协同效应，未能充分评估小额保险对农村贫困人群长期福祉的影响，包括代际传递效应等。

第三，第5章提出的"信贷+保险"模式在实际操作中可能会遇到多种挑战，如政策执行力度、地方政府的配合程度、金融机构的参与意愿等，这些因素可能会影响模型效果的实际表现。此外，本章提到农户参保意识薄弱可能制约"信贷+保险"模式的实施效果。这表明，除金融产品设计以外，还需要考虑如何提高农户对保险的认识和接受度。

第四，首先，第 6 章子代贫困的界定基于独立当期财富与贫困线的静态比较，未能反映长期财富积累动态；其次，未量化保险对子代人力资本提升的间接贡献，可能低估长期效应；再次，模型假设保险公司提供公平费率产品，但未深入分析脆弱群体支付保费的约束及需求异质性；最后，贫困线设定也未充分考虑地区经济差异及城乡收入分配问题。

第五，第 7 章主要关注健康风险、健康保险对经济和贫困的影响。本章所选理论基于中国经济和政策背景展开研究，可能会限制不同国家研究的适用性。此外，本章研究将健康风险内生化，没有充分考虑其他外部因素可能对健康风险的影响，如环境因素、生活方式选择等。

另外，本书未考虑综合保险计划的扶贫防贫作用。然而，实践中，有一些综合保险计划已然实施，以发挥扶贫防贫作用。我们搜集了大地财险推出的防贫保险项目供参阅。

案例 3　　大地财险防贫保险项目扶贫模式

项目介绍：内蒙古翁牛特旗防贫保险项目，是中国大地保险内蒙古分公司依据《赤峰市 2022—2025 年巩固拓展脱贫攻坚成果建立完善防返贫保险制度指导意见》，结合赤峰市乡村振兴发展实际，联合翁牛特旗乡村振兴局推出的金融保险助力乡村振兴创新项目。该项目以"防止农牧民返贫"为根本目标，以推进翁牛特旗乡村振兴为己任，惠及翁牛特旗 16 个乡镇苏木约 40 万农牧民，为防范农牧民因灾、因病等再次返贫，提供金融力量。

具体措施：2022 年前，防贫保险项目的保费大部分由政府出资，农牧民每户仅缴纳 5 元或 10 元保费；2022 年，政府全额出资投保。理赔条件以上一年度全区农村牧区常住居民人均可支配收入的 50% 为标准线，对投保主体因病、因灾、因意外事故等客观原因造成家庭人均收入低于标准线或主体刚性支出过大面临致贫返贫的，给予理赔。

> 取得的成效：翁牛特旗支公司全年理赔184件，支出赔款131.41万元。
>
> 防贫保险项目的扶贫效果主要体现在：一是有效减轻了贫困家庭的经济压力，减少了家庭陷入贫困或返贫的风险；二是通过精准的标准线，确保了那些处于经济困境中的农牧民能够及时得到救助；三是有助于提高农村地区的社会保障水平，增强了农牧民的安全感和幸福感，推动了乡村振兴和共同富裕目标的实现。

8.1.4 实践应用建议

根据本书研究结论，提出以下实践应用建议：

一是政府应将农业保险及其相关产品作为防范"因灾返贫"的重要工具。政府应推广带有保费补贴的市场性农业保险，尤其是对低收入农户；发展"小额保险+信贷"模式，以降低因灾返贫风险；优化保险产品设计，提升农业风险管理能力，并构建有效的防贫返贫监测帮扶机制。

二是政府应将人身保险作为防范因病返贫的重要工具。政府应推广普惠性质的人寿和健康保险产品，特别是针对农村地区，以增强农民的保险保障；完善大病保险和基本医保经办业务，提高医疗支出补偿，有效预防因病致贫；加强健康风险管理，提升农户对医疗保障的参与度，降低健康风险，从而减少因病返贫现象。

三是政府需完善返贫监测机制，通过多渠道识别返贫风险群体，并根据其需求实施差异化帮扶。具体而言，政府应建立一个持续的监测和评估机制，定期评估保险扶贫项目的效果，这对于及时调整和优化扶贫策略至关重要。这种机制能够帮助政策制定者了解扶贫项目的实际效果，确保扶贫资源的有效利用。

8.2 未来研究方向

本书的研究属于保险扶贫领域,研究方法和研究结论能够成为未来相关研究的基础。

8.2.1 研究方法的继续应用

在上一节中,我们对本书使用的研究方法进行了详细总结。简言之,基于经济学基本框架建立模型,运用严密的数学推导得到理论结论,根据现实情况的参数进行模拟,进而引入风险和保险,以研究保险产品的防贫效果。此外,参照保险精算中的破产理论来计算陷贫概率进而定义贫困状态,将保险精算理论与经济模型有机结合使得本书的研究方法更加科学有效。因此,对应于财产保险和人身保险的不同模型,本书的研究方法适用于研究各类保险产品的防贫效果。

8.2.2 未来研究内容

根据上述研究方法,结合对保险产品防范贫困的了解,未来研究内容主要包括以下几方面:

第一,在研究财产险对防范贫困的效应时,本书仅考虑了农业风险。在研究人身险对防范贫困的效应时,本书仅考虑了父辈早逝风险和健康风险。但居民面临的风险是多种多样的。因此,除了本书涉及的产品,未来我们仍需根据居民面临的具体风险来进一步讨论其他保险产品的防贫作用,比如,资产损失保险、牲畜保险、房屋保险、重疾险、大病保险等产品的防贫作用。

第二,目前保险扶贫体系主要包括三种:一是以农业保险、大病保险为核心的保险扶贫保障体系,防止贫困农户因病因灾返贫致贫;二是以小额贷款保证保险、农业保险保单质押为核心的保险扶贫增信体系，推动信贷资源向贫困地区投放，推动产业脱贫政策落地；三是以保险资金支农融资和直接投资为核心的保险扶贫投资体系，引导保险资金流向贫困地区。此外，保险业还通过承办商业补充医疗保险、助学贷款保证保险、移民安置项目农房保险等方式，多形式、多渠道助推国家健康扶贫、教育扶贫、异地搬迁扶贫等战略的实施。本书在研究保险防范贫困的效应时，只对比了信贷、保险、"信贷+保险"这三类产品的扶贫效果，而没有更全面地讨论不同保险形式的防贫效果有何不同。例如，就人身保险而言，医疗保险的防贫效果相比重疾险是否会更优。

第三，本书基于经济学模型来研究保险的防贫效果，根据我国实际情况进行参数设定和数值模拟，进而得到研究结论，这与实际保险防贫的效果具有一定差距，后续将收集相关数据进行实证分析，验证上述结论。在当前巩固脱贫成果阶段，我们更应当通过实证检验确保研究结果更加可靠。

第四，本书以中国贫困居民作为研究对象，探讨了不同保险的扶贫减贫效果。在未来的研究中，我们将深入探讨中国居民贫困对象的界定标准，包括但不限于农民与非农民、性别、年龄、职业等因素，以使贫困群体被更准确地识别，为政策制定者提出更有效的扶贫政策和措施提供依据。

第五，本书构建了多重均衡模型来探究农业保险和人身保险产品的扶贫防贫机制、效果以及改进措施，但在陷贫原因的多层次分析方面仍有提升的空间。未来我们需加强对陷入贫困原因的多层次分析，以更全面地理解贫困的复杂性和多维性，这有助于更好地探究减贫问题。

参考文献

[1] Agénor P. R., 2015, "Public Capital, Health Persistence and Poverty Traps" [J]. *Journal of Economics*, 115 (2): 103 – 131.

[2] Agénor P. R., Aizenman J., 2010, "Aid Volatility and Poverty Traps" [J]. *Journal of Development Economics*, 91 (1): 1 – 7.

[3] Ahsan S. M., Barua S., 2010, "Health Risks in Bangladesh: Can Microinsurance Prevent Vulnerability to Poverty?" [Z]. Working paper.

[4] Amit K. C., Sushanta K. M., 2007, "Income Distribution Dependence of Poverty Measure: A Theoretical Analysis" [J] *Physica A Statistical Mechanics & Its Applications*, 377 (1): 241 – 252.

[5] Apostolakis G., Dijk G. V., Drakos P. D., 2015, "Microinsurance Performance: A Systematic Narrative Literature Review" [J]. *Corporate Governance International Journal of Business in Society*, 15 (1): 146 – 170.

[6] Arena M., 2008, "Does Insurance Market Activity Promote Economic Growth? A Cross – Country Study for Industrialized and Developing Countries" [J]. *Journal of Risk and Insurance*, 75 (4): 921 – 946.

[7] Arena M., 2010, "Does Insurance Market Activity Promote Economic Growth? Country Study for Industrial and Developing Countries" [M]. *Social Science Electronic Publishing*, 22: 1 – 22.

[8] Arunachalam R., Shenoy A., 2017, "Poverty Traps, Convergence, and the Dynamics of Household Income" [J]. *Journal of Development Econom-*

ics, 126 (1): 215-230.

[9] Aryeetey G. C., Westeneng J., 2016, "Can Health Insurance Protect Against Out-of-Pocket and Catastrophic Expenditures and Also Support Poverty Reduction? Evidence from Ghana's National Health" [J]. *International Journal for Equity in Health*, 15 (1): 11-21.

[10] Ashley C., Roe D., Goodwin H., 2016, "Pro-Poor Tourism Strategies: Making Tourism Work for the Poor. A review of experience" [Z]. Working paper.

[11] Asongu S. A., Nwachukwu J. C., 2017, "Comparative Human Development Thresholds for Absolute and Relative Pro-Poor Mobile Banking in Developing Countries" [Z]. Working paper.

[12] Azariadis C., Stachurski J., 2005, "Poverty Traps", In P. Aghion and S. N. Durlauf, eds. Handbook of Economic Growth [J]. Elsevier, Vol. 1, Part A, Chap. 5, PP. 295-384.

[13] Bai C. E., Hsieh C. T., Gian Y., 2006, "The Return to Capital in China" [Z]. NBER Working Papers 12755, National Bureau of Economic Research, Inc.

[14] Barnett B. J., Barrett C. B., Skees J. R., 2008, "Poverty Traps and Index-Based Risk Transfer Products" [J]. *World Development*, 36 (10): 1766-1785.

[15] Barrett C. B., Carter M. R., Ikegami M., 2013, "Poverty Traps and Social Protection" [J]. *Social Science Electronic Publishing*, 20 (35): 749-761.

[16] Barrett, C. B., Carter, M. R., 2013, "The Economics of Poverty Traps and Persistent Poverty: Empirical and Policy Implications" [J]. *Journal of Development Studies*, 49 (7): 976-990.

[17] Bilger M., Sajaia Z., Lokshin M., et al., 2013, "A Unified Approach to Measuring Poverty and Inequality Theory and Practice" [Z]. World

Bank Publications.

［18］Buera, F. J., 2009, "A Dynamic Model of Entrepreneurship with Borrowing Constraints: Theory and Evidence" [J]. *Annals of Finance*, 5 (3 – 4): 443 – 464.

［19］Carmichael B., Dissou Y., 2000, "Health Insurance, Liquidity and Growth" [J]. *the Scandinavian Journal of Economics*, 102: 269 – 284.

［20］Carter M. R., Ikegami M., Janzen S. A., 2011, "Dynamic Demand for Index – Based Asset Insurance in the Presence of Poverty Traps" [Z]. Working paper.

［21］Carter, M. R., Little, P. D., Mogues, T., et al, 2007, "Poverty Traps and Natural Disasters in Ethiopia and Honduras" [J]. *World Development*, 35 (5): 835 – 856.

［22］Carter, M. R., Lybbert, T. J., 2012, "Consumption versus Asset Smoothing: Testing the Implications of Poverty Trap Theory in Burkina Faso" [J]. *Journal of Development Economics*, 99 (2): 255 – 264.

［23］Cass D., 1965, "Optimum Growth in an Aggregative Model of Capital Accumulation" [J]. *Review of Economic Studies*, 32: 233 – 240.

［24］Caswell K. J., O'Hara B., 2010, "Medical Out – of – Pocket Expenses, Poverty, and the Uninsured" [Z]. Working paper.

［25］Chantarat S., Mude A. G., Barrett C. B., et al., 2009, "The Performance of Index Based Livestock Insurance: Ex Ante Assessment in the Presence of a Poverty Trap" [Z]. Working paper.

［26］Chantarat S., Barrett C. B., 2012, "Social Network Capital, Economic Mobility and Poverty Traps" [J]. *The Journal of Economic Inequality*, 10, 299 – 342.

［27］Chantarat S., Mude A. G., Barrett C. B., et al., 2017, "Welfare Impacts of Index Insurance in the Presence of a Poverty Trap" [J]. *World Development*, 94: 119 – 138.

[28] Chattopadhyay, A. K., Mallick, S. K., 2007, "Income Distribution Dependence of Poverty Measure: A theoretical analysis" [J]. *Physica A*, 377 (1): 241 – 252.

[29] Chen P. F., Lee C. C., Lee C. F., 2012, "How Does the Development of the Life Insurance Market Affect Economic Growth? Some International Evidence" [J]. *Journal of International Development*, 24: 865 – 893.

[30] Chenery H. B., Syrquin M., 1975, "Patterns of Development, 1950 – 1970" [J]. *African Economic History*, 86 (2): 815 – 27.

[31] Chivers D., 2017, "Success, survive or escape? Aspirations and Poverty Traps" [J]. *Journal of Economic Behavior & Organization*, 143 (1): 116 – 132.

[32] Cole S., Stein D., Tobacman J., 2014, "Dynamics of Demand for Index Insurance: Evidence from a Long – Run Field Experiment" [J]. *American Economic Review*, 104: 284 – 290.

[33] Dawe D., 2008, "Agricultural Research, Poverty Alleviation, and Key Trends in Asia's Rice Economy" [J]. *Charting New Pathways to Crice*, 2008: 37 – 53.

[34] Derek Gordon, 1990, "World Development Report 1990" [J]. Oxford University Press, 20 (100): 1 – 172.

[35] Eugster B., 2014, "How Political Economies Affect Immigrants' Socio – Economic Incorporation. A Comparative Analysis of Immigrants' Poverty Risks Across Advanced Industrialised Countries" [Z]. Working paper.

[36] Esteves T., Rao K. V., Sinha B., et al., 2013, "Agricultural and Livelihood Vulnerability Reduction through the MGNREGA" [J]. *Economic & Political Weekly*, XLVIII (52): 94 – 103.

[37] Finan F., Sadoulet E., Janvry A. D., 2005, "Measuring the Poverty Reduction Potential of Land in Rural Mexico" [J]. *Journal of Development Economics*, 77 (1): 27 – 51.

[38] Galor D., Weil N., 1999, "From Malthusian Stagnation to Modern Growth" [J]. Cepr Discussion Papers, 89 (2): 150 – 154.

[39] Geronimus A. T., Pearson J. A., Linnenbringer E., et al., 2015, "Race – Ethnicity, Poverty, Urban Stressors, and Telomere Length in a Detroit Community – based Sample" [J]. Journal of Health & Social Behavior, 56 (2): 199.

[40] Ghatak, M., 2015, "Theories of Poverty Traps and Anti – Poverty Policies" [J]. World Bank Economic Review, 29 (suppl_1): S77 – S105.

[41] Gong G., 2012, "Growth and Development in a Harrodian Economy: with Evidence from China" [J]. Metroeconomica, 64 (1): 73 – 102.

[42] Guriev S., Vakulenko E., 2015, "Breaking out of Poverty Traps: Internal Migration and Interregional Convergence in Russia" [J]. Journal of Comparative Economics, 43 (3): 633 – 649.

[43] Haiss P., Sumegi K., 2008, "The Relationship Between Insurance and Economic Growth in Europe: A Theoretical and Empirical Analysis" [J]. Empirica, 35: 405 – 431.

[44] Hamid S. A., Roberts J., Mosley P., 2011, "Can Micro Health Insurance Reduce Poverty? Evidence From Bangladesh" [J]. Journal of Risk and Insurance, 78 (1): 57 – 82.

[45] Han L., Li D., Moshirian F., et al., 2010, "Insurance Development and Economic Growth" [J]. Geneva Papers on Risk and Insurance, 35: 183 – 199.

[46] Hirschman A. O., "The Strategy of Economic Development" [J]. Yale University Press, 52 – 59.

[47] Imam Fahmid, 2013, "Relation Between Economic Growth and Distribution of Income Per Capita and Human Development Index Among Five Major Islands and Provinces in Sulawesi Island, Indonesia" [J]. World Applied Sciences Journal, 28 (13): 83 – 90.

[48] Jäntti M., Kanbur R., Nyyssölä M., et al., 2014, "Poverty and Welfare Measurement on the Basis of Prospect Theory" [J]. *Review of Income & Wealth*, 60 (1): 182 – 205.

[49] Janzen S. A., Carter M. R., and Ikegami M., 2016, "Asset Insurance Markets and Chronic Poverty" [Z]. Working paper.

[50] Janzen S. A., Carter M. R., Ikegami M., 2012, "Valuing Asset Insurance in the Presence of Poverty Traps: A Dynamic Approach" [J]. *General Information*, 6 (4): 11 – 32.

[51] Kehoe P. J., Perri F., 2002, "International Business Cycles with Endogenous Incomplete Markets" [J]. *Econometrica*, 70: 907 – 928.

[52] Kevin M. Murphy, Andrei Shleifer, Robert W Vishny, 1989, "Industrialization and Big Push" [J]. *Journal of Political Economy*, 97 (5): 1003 – 1026.

[53] Kögel T., Prskawetz A. F., 2001, "Agricultural Productivity Growth and Escape from the Malthusian Trap" [J]. *Journal of Economic Growth*, 6 (4): 337 – 357.

[54] Koopmans T. C., 1965, "On the Concept of Optimal Economic Growth, In: The Econometric Approach to Development Planning" [Z]. Amsterdam: North – Holland.

[55] Kovacevic R. M., Pflug G. C., 2011, "Does Insurance Help to Escape the Poverty Trap? —A Ruin Theoretic Approach" [J]. *Journal of Risk and Insurance*, 78 (4): 1003 – 1028.

[56] Kraay, A., Raddatz, C., 2007, "Poverty Traps, Aid, and Growth" [J]. *Journal of Development Economics*, 82 (2): 315 – 347.

[57] Laajaj R., 2017, "Endogenous Time Horizon and Behavioral Poverty trap: Theory and Evidence from Mozambique" [J]. *Journal of Development Economics*, 127: 187 – 208.

[58] Lee C. C., 2011, "Does Insurance Matter for Growth: Empirical

Evidence from OECD Countries" [J]. B. E. *Journal of Macroeconomics*, 11 (1): 1-26.

[59] Lee C. C., Chiu Y. B., 2012, "The Impact of Real Income on Insurance Premiums: Evidence from Panel Data" [J]. *International Review of Economics and Finance*, 21: 246-260.

[60] Lee C. C., Lee C. C., Chiou Y. Y., 2017, "Insurance Activities, Globalization, and Economic Growth: New Methods, New Evidence" [Z]. Working paper.

[61] Leibenstein H., 1957, "Economic Backwardness and Economic Growth. Studies in the Theory of Economic Development" [J]. *American Journal of Sociology*, 12 (1): 375-401.

[62] Lewis W. A., 1954, "Economic Development with Unlimited Supplies of Labour" [J]. Manchester School, 22 (2): 139-191.

[63] Lu C., Yanagihara M., 2013, "Life Insurance, Human Capital Accumulation and Economic Growth" [J]. *Australian Economic Papers*, 52 (1): 52-60.

[64] Luc Savard, 2004, "Poverty and Income Distribution in a CGE - Household Micro Simulation Model: Top - Down/Bottom up Approach" [J]. Université de Sherbrooke - Department of Economics.

[65] Lucas R. E., 1978, "Asset Prices in an Exchange Economy" [J]. *Econometrica*, 46: 1429-1445.

[66] Matsuyama K., 2004, "Financial Market Globalization, Symmetry - Breaking, and Endogenous Inequality of Nations" [J]. *Econometrica*, 72 (3): 853-884.

[67] Mkondiwa M., Jumbe C. B. L, Wiyo K. A., 2013. "Poverty - Lack of Access to Adequate Safe Water Nexus: Evidence from Rural Malawi" [J]. *African Development Review*, 25 (4): 537-550.

[68] Mollie orshansky, 1969, "How poverty is measured" [J]. *Monthly*

Labor Review, 92 (2): 37 – 41.

[69] Myrdal G., 1968, "Asian Drama, an Inquiry into the Poverty of Nations" [J]. *American Journal of Sociology*, 33 (4): 654 – 683.

[70] Nelson R. R., 1956, "A Theory of the Low – Level Equilibrium Trap in Underdeveloped Economies" [J]. *American Economic Review*, 46 (5): 894 – 908.

[71] Nurkse R., 1953, "Problems of Capital Formation in Underdeveloped Countries" [J]. *Basil Blackwell*, 413 – 420.

[72] Odedokun M. O., 1996, "Alternative Econometric Approaches for Analyzing the Role of the Financial Sector in Economic Growth: Time – Series Evidence from LDCs" [J]. *Journal of Development Economics*, 50: 119 – 135.

[73] Okwi P. O., Ndeng G., Kristjanson P., et al., 2007, "Spatial Determinants of Poverty in Rural Kenya" [J]. *Proceedings of the National Academy of Sciences*, 104 (43): 16769 – 16774.

[74] Outreville J. F., 1990, "The Economic Significance of Insurance Markets in Developing Countries" [J]. *Journal of Risk and Insurance*, 18: 487 – 498.

[75] Outreville J. F., 1996, "Life Insurance Markets in Developing Countries" [J]. *Journal of Risk and Insurance*, 63: 263 – 278.

[76] Outreville J. F., 2013, "The Relationship between Insurance and Economic Development: 85 Empirical Papers for a Review of the Literature" [J]. *Risk Management and Insurance Review*, 16: 71 – 122.

[77] Pandey M. K., 2013, "Elderly's Health Shocks and Household's Ex – ante Poverty in India" [Z]. Asarc Working Papers.

[78] Pecchenino R. A., Pollard P. S., 2002, "Dependent Children and Aged Parents: Funding Education and Social Security in an Aging Economy" [J]. *Journal of Macroeconomics*, 24: 145 – 169.

[79] Philip N. E., Kannan S., Sarma S. P., 2012, "Utilization of Com-

prehensive Health Insurance Scheme, Kerala: A Comparative Study of Insured and Uninsured Below – Poverty – Line Households" [J]. *Bmc Proceedings*, 6 (5): 1 – 11

[80] Piketty T., 2014, "Capital in the Twenty – First Century" [M]. Boston: The Belknap Press.

[81] PoojaMuttneja, 2015, "A Review of Human Development Index (HDI) and Human Poverty Index (HPI) in the Indian Perspective" [J]. *Scholedge International Journal of Management& Development*, 2 (1): 15 – 23.

[82] Poposki K., 2009, "Insurance Sector Development and Economic Growth in Transition Countries" [Z]. Working paper.

[83] Rahut D. B., Ali A., 2017, "Coping with Climate Change and Its impact on Productivity, Income, and Poverty: Evidence from the Himalayan region of Pakistan" [J]. *International Journal of Disaster Risk Reduction*, 24: 515 – 525.

[84] Ramsey F. P., 1928, "A Mathematical Theory of Saving" [J]. *Economic Journal*, 38: 543 – 559.

[85] Roberto Angulo, YadiraDíaz, RenataPardo, 2016, "The Colombian Multidimensional Poverty Index: Measuring Poverty in a Public Policy Context" [J]. *Social Indicators Research*, 127 (1): 1 – 38.

[86] Rostow W. W., 1959, "The Stages of Economic Growth" [J]. *Economic History Review*, 12 (1): 1 – 16.

[87] Rowntree B. S., Hunter R., 1902, "Poverty: A Study of Town Life" [J]. *Charity Organization Review*, 11 (65): 260 – 266.

[88] Sabina Alkire, 2011, "Maria Emma Santos. Acute Multidimensional Poverty: A New Index for Developing Countries" [M]. *Social Science Electronic Publishing*.

[89] Schultz T. W., 1965, "Investing in Poor People: An Economist's View" [J]. *American Economic Review*, 55 (1/2): 510 – 520.

[90] Shirazi N. S., Khan A. U., 2009, "Role of Pakistan Poverty Alleviation Fund's Micro Credit in Poverty Alleviation: A Case of Pakistan" [J]. *Pakistan Economic & Social Review*, 47 (2): 215 - 228.

[91] Solow R. M., 1956, "A Contribution to the Theory of Economic Growth" [J]. *the Quarterly Journal of Economics*, 70: 65 - 94.

[92] Soo H. H., 1996, "Life Insurance and Economic Growth: Theoretical and Empirical Investigation" [M]. Lincoln: University of Nebraska.

[93] Sood N., Bendavid E., Mukherji A., et al., 2014, "Government Health Insurance for People Below Poverty Line in India: Quasi - Experimental Evaluation of Insurance and Health Outcomes" [J]. *BMJ*, 349: g5114.

[94] Stokey N. L., Lucas R. E., Prescott E. C., 1989, "Recursive Methods in Economic Dynamics" [M]. Cambridge: Harvard University Press.

[95] Thorbecke E., Sun Yu, 2005, "Conceptual and Measurement Issues in Poverty Analysis" [J]. *World Economic Papers*, (3): 54 - 64.

[96] Tong H., 2008, "An Investigation of the Insurance Sector's Contribution to Economic Growth" [M]. Lincoln: University of Nebraska.

[97] Tony Atkinson, 2002, "Social Inclusion and the European Union" [J]. *Jcms Journal of Common Market Studies*, 40 (4): 625 - 643.

[98] Townsend P., 1993, "The International Analysis of Poverty" [J]. *Harvester Wheatsheaf*, 4 (3): 345 - 353.

[99] Tversky A., Kahneman D., 1992, "Advances in prospect theory: Cumulative representation of uncertainty" [J]. *Journal of Risk and Uncertainty*, 5 (4): 297 - 323.

[100] Wang E. C., 1999, "Externalities between Financial and Real Sectors in the Development Process" [J]. *International Advances in Economic Research*, 5: 149 - 150.

[101] Wang E. C., 2000, "A Dynamic Two - Sector Model for Analyzing the Interrelation between Financial Development and Industrial Growth" [J].

International Review of Economics and Finance, 9: 223 - 241.

[102] Ward D., Zurbruegg R., 2000, "Does Insurance Promote Economic Growth? Evidence from OECD Countries" [J]. *Journal of Risk and Insurance*, 67: 489 - 506.

[103] Webb I. P., Grace M. F., Skipper H. D., 2002, "The Effect of Banking and Insurance on the Growth of Capital and Output" [J]. Center for Risk Management and Insurance, Working Paper.

[104] Wheaton L., Giannarelli L., Schifer M., et al., 2011, "How Do States' Safety Net Policies Affect Poverty?" [J]. *Poverty & Public Policy*, 3 (4): 1 - 36.

[105] Wherry L. R., Kenney G. M., Sommers B. D., 2016, "The Role of Public Health Insurance in Reducing Child Poverty" [J]. *Academic Pediatrics*, 16 (3): S98 - S104.

[106] Word bank, 2001, "World Development Report 2000/2001: Attacking Poverty" [J]. New York Oxford University Press, 1145 - 1161.

[107] Xu Jing Feng, Liao Pu, 2014, "Crop Insurance, Premium Subsidy and Agricultural Output" [J]. *Journal of Integrative Agriculture*, 13 (11): 2537 - 2545.

[108] 阿玛蒂亚·森,经济学与伦理学 [M]. 北京:商务印书馆,2000.

[109] 薄绍华. 完善农村医疗保障制度防止群众因病致贫返贫 [J]. 中国国际保险,2017 (2): 5 - 6.

[110] 财政部农业司扶贫处. 集中力量实施扶贫攻坚,促进解决滇西深度贫困——关于滇西边境集中连片特困地区扶贫开发调研报告 [J]. 当代农村财经,2012 (5): 23 - 26.

[111] 曾志红,曾福生. 我国农村致贫的社会制度因素分析 [J]. 农业经济,2013 (11): 33 - 35.

[112] 陈李娜,魏伟,王静,等. 新农合贫困和低收入居民灾难性卫

生支出研究——基于三省份的抽样调查 [J]. 中国卫生政策研究, 2014, 7 (4): 32-37.

[113] 陈滔. 中国健康保险精算的现状、问题和对策 [J]. 财经科学, 2004 (2): 108-111.

[114] 陈文佼, 周戈耀, 李志伟. 精准贫困医疗救助绩效评估体系研究 [J]. 贵州师范学院学报, 2016, 32 (4): 56-62.

[115] 陈新, 张小芹. 阜平县农业保险精准扶贫的经验与启示 [J]. 农技服务, 2017, 34 (5): 1-15.

[116] 陈烨烽, 王艳慧, 王小林. 中国贫困村测度与空间分布特征分析 [J]. 地理研究, 2016, 35 (12): 2298-3208.

[117] 仇雨临, 张忠朝. 贵州少数民族地区医疗保障反贫困研究 [J]. 国家行政学院学报, 2016 (3): 69-75.

[118] 楚永生. 新时期中国农村贫困的特征、扶贫机制及政策调整 [J]. 宏观经济研究, 2008 (10): 55-58.

[119] 崔俊富, 刘瑞, 苗建军. 人力资本与经济增长——兼论经济增长贫困陷阱 [J]. 商业经济与管理, 2009, 1 (10): 11-16.

[120] 戴鹏毅. 精准扶贫下农村养老保险的潜力研究 [J]. 市场论坛, 2017 (6): 12-15.

[121] 邓国取, 车舒, 孟小雨. 农村小额信贷社会绩效评价研究——以南召县小额信贷扶贫社为例 [J]. 西部金融, 2014 (3): 85-88.

[122] 邓国取. 论我国农业保险制度的"二元"模式 [J]. 河南科技大学学报 (社会科学版), 2012, 30 (5): 72-78.

[123] 邓维杰. 精准扶贫的难点. 对策与路径选择 [J]. 农村经济, 2014 (6): 78-81.

[124] 邓新华, 袁伦渠. 中国城镇贫困陷阱问题研究 [J]. 北京交通大学学报 (社会科学版), 2007, 6 (4): 90-94.

[125] 董家丰. 少数民族地区信贷精准扶贫研究 [J]. 贵州民族研究, 2014 (7): 154-157.

[126] 董筱丹, 温铁军. 致贫的制度经济学研究: 制度成本与制度收益的不对称性分析 [J]. 经济理论与经济管理, 2011 (1): 50-58.

[127] 杜辉, 陈池波. 中国政策性农业保险制度的理性反思 [J]. 江西财经大学学报, 2010 (4): 38-43.

[128] 樊明. 健康经济学, 健康对劳动市场表现的影响 [M]. 北京: 社会科学文献出版社, 2002.

[129] 方黎明, 乔东平. 城镇医疗保障制度对城镇贫困居民就医经济负担的影响——基于霸州、赤壁和合川城镇贫困家庭调查数据的分析 [J]. 财经研究, 2012 (11): 104-114.

[130] 高梦滔, 姚洋. 健康风险冲击对农户收入的影响 [J]. 经济研究, 2005 (12): 15-25.

[131] 葛志军, 邢成举. 精准扶贫: 内涵、实践困境及其原因阐释——基于宁夏银川两个村庄的调查 [J]. 贵州社会科学, 2015 (5): 157-163.

[132] 缑建芳, 栾奕, 王猛, 等. 精准扶贫理论的内涵及其策略 [J]. 农业图书情报学刊, 2017, 29 (5): 9-11.

[133] 顾昕. 中国商业健康保险的现状与发展战略 [J]. 保险研究, 2009 (11): 26-33.

[134] 郭佩霞. 反贫困视角下的民族地区农业保险补贴政策研究 [J]. 经济体制改革, 2011 (6): 58-62.

[135] 何军, 唐文浩. 政府主导的小额信贷扶贫绩效实证分析 [J]. 统计与决策, 2017 (11): 169-172.

[136] 郭熙保. 论贫困概念的内涵 [J]. 山东社会科学, 2005 (12): 49-54.

[137] 贺立龙, 黄科. 信贷扶贫的精准性: 农户视角的实证考察 [J]. 现代经济探讨, 2017 (6): 85-94.

[138] 胡红斌. 提高深度贫困群体素质, 增强其自我发展能力——以德宏州为例 [J]. 改革与开放, 2012 (22): 77-79.

[139] 胡宏伟,曲艳华,高敏. 医疗保险对家庭医疗消费水平影响的效应分析——兼论医疗保险与贫困的联合影响 [J]. 西北大学学报（哲学社会科学版）,2013,43（4）:20-27.

[140] 胡巍,肖金城. 保险助推农业精准扶贫创新模式研究——以贵州剑河养殖扶贫试点为例 [J]. 贵州大学学报:自然科学版,2017,34（3）:135-140.

[141] 胡亚娣. 构建多层次医疗保障体系的思考 [J]. 浙江金融,2005（12）:46.

[142] 湖南省怀化市扶贫开发办公室. 瞄准深度贫困,合力精准扶贫 [J]. 老区建设,2014（13）:37-40.

[143] 洪秋妹,常向阳. 我国农村居民疾病与贫困的相互作用分析 [J]. 农业经济问题,2010,31（4）:85-94.

[144] 黄承伟,陆汉文,刘金海. 微型金融与农村扶贫开发——中国农村微型金融扶贫模式培训与研讨会综述 [J]. 中国农村经济,2009（9）:93-96.

[145] 姜安印,冯英杰. 六盘山集中连片特困地区县域贫困状况评价——基于人类发展指数的改进 [J]. 石家庄经济学院学报,2015,38（4）:1-6.

[146] 蒋秋焕,田庆丰,肖建霞,等. 贫困农民医疗救助实施效果评价 [J]. 中国卫生经济,2011,30（11）:55-56.

[147] 解垩. 农村家庭的资产与贫困陷阱 [J]. 中国人口科学,2014（6）:71-83.

[148] 荆涛,杨舒. 商业健康保险在多层次医疗保障体系中的地位与发展现状 [J]. 中国医疗保险,2016（6）:18-22.

[149] 康晓光. 90年代我国的贫困与反贫困问题分析 [J]. 战略与管理,1995（4）:64-71.

[150] 劳埃德·雷诺兹. 微观经济学——分析和政策 [M]. 北京:商务印书馆,1982.

[151] 李含琳,韩坚. 中国扶贫资金来源结构及使用方式研究 [J]. 农业经济问题, 1998 (4): 6-10.

[152] 李武斌,薛东前,邱婴芝. 西安市居住贫困的空间分异及形成机制 [J]. 陕西师范大学学报 (自然科学版), 2016 (1): 87-95.

[153] 李小菊,秦江梅,唐景霞,等. 新疆城市贫困人口卫生服务需求与医疗救助现状分析 [J]. 中国卫生事业管理, 2013, 30 (3): 44-45.

[154] 李小云,唐丽霞,张雪梅. 我国财政扶贫资金投入机制分析 [J]. 农业经济问题, 2007 (10): 77-82.

[155] 李小云,张雪梅,唐丽霞. 我国中央财政扶贫资金的瞄准分析 [J]. 中国农业大学学报 (社会科学版), 2005 (3): 1-6.

[156] 李哲,陈玉萍,丁士军. 贫困地区农户大病风险及其处理策略研究 (一) [J]. 生态经济 (中文版), 2008 (6): 33-36.

[157] 廖朴,杨弘琦,黄新宇. 健康风险下居民人身保险最优配置方案研究 [J]. 中国管理科学, 2024 (8): 61-73.

[158] 林万龙,杨丛丛. 贫困农户能有效利用扶贫型小额信贷服务吗?——对四川省仪陇县贫困村互助资金试点的案例分析 [J]. 中国农村经济, 2012 (2): 35-45.

[159] 林智勇. "政府+保险"金融扶贫的创新探索——农业收入保险在扶贫中的应用 [J]. 中国保险, 2017 (1): 7-10.

[160] 刘解龙. 经济新常态中的精准扶贫理论与机制创新 [J]. 湖南社会科学, 2015 (4): 156-159.

[161] 刘俊霞. 对突破我国医药卫生体制改革瓶颈的思考 [J]. 海南大学学报 (人文社会科学版), 2013, 31 (3): 126-130.

[162] 刘世成. 扶贫小额信贷的瞄准机制与绩效评估实证分析——基于四川 R 县数据 [J]. 西南金融, 2016 (9): 12-14.

[163] 刘素春,智迪迪. 农业保险与农业信贷耦合协调发展研究——以山东省为例 [J]. 保险研究, 2017 (2): 29-39.

[164] 刘伟,李树苗,任林静. 西部农村扶贫项目目标瞄准方法研

究——基于陕西安康贫困山区的调查 [J]. 西安交通大学学报（社会科学版），2017，37 (1)：72-78.

[165] 刘伟，朱玉春. 健康风险对农户贫困脆弱性的影响研究 [J]. 湖北农业科学，2014，53 (13)：3216-3220.

[166] 刘一伟. 社会保险缓解了农村老人的多维贫困吗？——兼论"贫困恶性循环"效应 [J]. 科学决策，2017 (2)：26-43.

[167] 刘溢海. 新时期农村扶贫问题的调查与思考 [J]. 中州学刊，2007 (2)：65-67.

[168] 陆铭宁，陈璐，刘富. 基于信贷交易合约模型的民族地区农村金融扶贫研究——以四川省凉山彝族自治州为例 [J]. 农村经济，2016 (9)：80-83.

[169] 刘紫云. 发挥商业医疗保险在扶贫解困中的资源配置优化作用 [J]. 保险研究，2006 (11)：29-30.

[170] 罗庆，李小建. 国外农村贫困地理研究进展 [J]. 经济地理，2014，34 (6)：1-8.

[171] 马尔萨斯（Malthus, Thomas Robe）. 人口原理 [M]. 北京：商务印书馆，1992.

[172] 孟庆涛. 权利的制度供给与民生实践——基于农民工群体权利贫困的分析 [J]. 学术交流，2015 (7)：101-106.

[173] 穆怀中，陈曦，李栗. 收入非均等贫困指数及其社会秩序风险测度研究 [J]. 中国人口科学，2014 (4)：14-26.

[174] 潘国臣，李雪. 基于可持续生计框架（SLA）的脱贫风险分析与保险扶贫 [J]. 保险研究，2016 (10)：71-80.

[175] 潘明清，郑军，刘丽. 农业保险与农村信贷发展：作用机制与政策建议 [J]. 农村经济，2015 (6)：76-79.

[176] 祁毓，卢洪友. "环境贫困陷阱"发生机理与中国环境拐点 [J]. 中国人口·资源与环境，2015 (10)：71-78.

[177] 邵全权，柏龙飞，张孟娇. 农业保险对农户消费和效用的影

响——兼论农业保险对反贫困的意义 [J]. 保险研究, 2017 (10): 65-78.

[178] 苏占伟. 政策性农业保险制度运行中的问题及优化对策——以河南省为例 [J]. 保险研究, 2015 (4): 86-92.

[179] 孙璐. 扶贫项目绩效评估研究 [D]. 北京: 中国农业大学, 2015.

[180] 锁凌燕, 完颜瑞云, 陈滔. 我国商业健康保险地区发展失衡现状及原因研究 [J]. 保险研究, 2015 (1): 42-53.

[181] 邰秀军, 殷蕾蕾. 新贫困线下我国农村家庭户的贫困广度和深度——基于 CGSS2008 数据的研究 [J]. 未来与发展, 2014 (3): 61-67.

[182] 唐金成, 曹斯蔚. 精准扶贫视角的"保险+期货"模式风险管理研究 [J]. 金融与经济, 2017 (7): 75-81.

[183] 田森, 雷震, 潘杰, 等. 收入差距与最优社会医疗保险制度设计——一个理论模型 [J]. 保险研究, 2016 (11): 41-52.

[184] 庹国柱, 朱俊生. 完善我国农业保险制度需要解决的几个重要问题 [J]. 保险研究, 2014 (2): 44-53.

[185] 庹国柱. 让科学研究更好地服务于农业保险制度建设——中国农业保险 32 年研究历程简述 [J]. 保险研究, 2013 (9): 9-17.

[186] 汪辉平, 王增涛, 马鹏程. 农村地区因病致贫情况分析与思考——基于西部 9 省市 1214 个因病致贫户的调查数据 [J]. 经济学家, 2016 (10): 71-81.

[187] 汪三贵. 扶贫体制改革的未来方向 [J]. 人民论坛, 2011 (36): 36-37.

[188] 汪三贵. 扶贫投资效率的提高需要制度创新 [J]. 农业经济问题, 1997 (10): 21-24.

[189] 汪三贵, 郭子豪. 论中国精准扶贫 [J]. 贵州社会科学 [J]. 2015 (5): 147-150.

[190] 汪三贵, 刘明月. 健康扶贫的作用机制、实施困境与政策选择

[J]. 新疆师范大学学报（哲学社会科学版），2019，40（3）：82－91.

[191] 汪霞，汪磊. 贵州连片特困地区贫困特征及扶贫开发对策分析[J]. 贵州社会科学，2013（12）：92－95.

[192] 王丹，王成富. 基本医疗保险对居民消费的促进效应研究[J]. 中国卫生经济，2013（6）：5－7.

[193] 王弟海. 健康人力资本、经济增长和贫困陷阱[J]. 经济研究，2012（6）：143－155.

[194] 王欢. 我国农业保险制度发展中政府角色定位[J]. 改革与战略，2015（6）：97－100.

[195] 王金营，李竞博. 连片贫困地区农村家庭贫困测度及其致贫原因分析——以燕山—太行山和黑龙港地区为例[J]. 中国人口科学，2013（4）：2－13.

[196] 王韧，邹西西，刘司晗. 基于AHP方法的湖南省农业保险补贴政策扶贫效率评价研究[J]. 湖南商学院学报，2016（2）：123－128.

[197] 王文略，毛谦谦，余劲. 基于风险与机会视角的贫困再定义[J]. 中国人口·资源与环境，2015（12）：147－153.

[198] 王艳慧，钱乐毅，陈烨烽，等. 生态贫困视角下的贫困县多维贫困综合度量[J]. 应用生态学报，2017（8）：2677－2686.

[199] 王瑜，汪三贵. 特殊类型贫困地区农户的贫困决定与收入增长[J]. 贵州社会科学，2016（5）：145－155.

[200] 王宇，李博，左停. 精准扶贫的理论导向与实践逻辑——基于精细社会理论的视角[J]. 贵州社会科学，2016（5）：156－161.

[201] 王志章，何静. 英美两国扶贫开发模式及其启示[J]. 开发研究，2015（6）：50－54.

[202] 王志章，刘天元. 连片特困地区农村贫困代际传递的内生原因与破解路径[J]. 农村经济，2016（5）：74－79.

[203] 温庆锋. 保险业构筑贫困地区精准扶贫风险保障网络分析[J]. 现代国企研究．2017（4）：150－151.

[204] 仙蜜花. 商业保险参与城乡居民大病医疗保险研究 [J]. 财政监督, 2014 (11): 70-75.

[205] 肖立新. 民族贫困地区两种主要扶贫模式的调查与分析——基于四川省凉山彝族自治州的调查 [J]. 农村经济, 2012 (6): 69-71.

[206] 谢漾, 刘思亚. 社会保险政策选择与农户消费行为 [J]. 保险研究, 2015 (6): 109-117.

[207] 徐强. 基本医疗保险制度的公众满意度及影响因素——基于全国4个省份1600余份问卷的实证研究 [J]. 保险研究, 2012 (12): 116-123.

[208] 徐伟, 杨爽, 耿成亮, 等. 青岛市大病救助政策评估研究 [J]. 中国医疗保险, 2016 (6): 43-45.

[209] 许佳, 刘岚丽, 彭志强. 精准扶贫之路径思考 [J]. 学理论, 2015 (24): 21-22.

[210] 许庆, 刘进, 杨青. 农村民间借贷的减贫效应研究——基于健康冲击视角的分析 [J]. 中国人口科学, 2016 (3): 34-42.

[211] 许荣, 赵昶, 赵粲钰. 政府自然灾害救济与农业保险市场发展关系研究——基于中国省际面板数据的实证证据 [J]. 保险研究, 2016 (12): 74-79.

[212] 薛龙飞, 罗小锋, 李兆亮, 等. 风险冲击对山区农户贫困的影响效应分析——基于广西、江西、湖北三省的农户调查 [J]. 中南财经政法大学学报, 2017 (3): 125-133.

[213] 薛龙飞, 罗小锋, 李兆亮, 等. 风险冲击对山区农户贫困的影响效应分析——基于广西、江西、湖北三省的农户调查 [J]. 中南财经政法大学学报, 2015 (5): 125-133.

[214] 杨朝中, 黄涛. 关于精准扶贫精准脱贫几个重大问题的思考 [J]. 中国扶贫, 2015 (23): 39-45.

[215] 杨舸. 流动人口与城市相对贫困: 现状、风险与政策 [J]. 经济与管理评论, 2017, 33 (1): 13-22.

[216] 杨桂云."农业保险+涉农信贷"贷款定价研究[J].财经理论与实践,2011(5):31-34.

[217] 杨海波.云南"直过民族"教育发展现状探析——从《扶持人口较少民族发展规划》的视角[J].楚雄师范学院学报,2013(11):88-92.

[218] 杨龙,李萌.贫困地区农户的致贫原因与机理——兼论中国的精准扶贫政[J].华南师范大学学报(社会科学版),2017(4):33-40.

[219] 杨伟坤,赵惠娟,刘彬,等.国内外农村普惠金融体系发展实践及启示——基于河北省易县扶贫社小额信贷扶贫创新案例分析[J].世界农业,2013(1):112-115.

[220] 姚海明.我国农业保险制度建立与完善机制研究——以苏州市为例[J].农业经济问题,2012(11):49-54.

[221] 叶初升,邹欣.扶贫瞄准的绩效评估与机制设计[J].华中农业大学学报(社会科学版),2012(1):63-69.

[222] 叶明华.政策性农业保险:从制度诱导到农户自主性需求——基于江苏省585户粮食种植户的问卷调查[J].财贸经济,2015(11):88-100.

[223] 叶明华,卫玥.农业保险与农村信贷:互动模式与绩效评价[J].经济体制改革,2015(5):92-97.

[224] 叶普万.贫困经济学研究:一个文献综述[J].世界经济,2005(9):70-79.

[225] 叶文真.农村小额人身保险现状及对策研究[J].时代金融旬刊,2017(2).

[226] 叶颖刚.基于精准扶贫视角下的农村养老保险发展对策研究[J].海南金融,2016(2):48-53.

[227] 尹兴宽.农业保险与农村信贷协同发展研究[J].改革与战略,2016(6):66-69.

[228] 余茂辉.社区基金:一种直接帮助贫困者的有效扶贫方式——

对安徽省霍山县中荷扶贫项目社区基金的调查[J]. 中国改革：农村版, 2004（4）：43-45.

[229] 袁航, 刘梦璐, 刘景景. 基于健康营养调查（CHNS）对地理禀赋贫困陷阱的实证分析[J]. 经济地理, 2017, 37（6）.

[230] 翟绍果, 严锦航. 健康扶贫的治理逻辑、现实挑战与路径优化[J]. 西北大学学报（哲学社会科学版）, 2018, 48（3）：56-63.

[231] 张超, 张宇. 普惠金融视角下农村"小额保险+小额信贷"模式风险防控研究[J]. 商场现代化, 2016（6）：253-254.

[232] 张桂龄. 川渝地区扶贫小额保险发展经验与启示[J]. 现代经济信息, 2017（12）.

[233] 张兰. "政银保"引来金融活水——"保险+信贷"破解融资难之广东模式调查[J]. 中国金融家, 2014（9）：65-66.

[234] 张文丽. 关于深度贫困地区精准扶贫的若干思考——基于平山县东王坡多曹土沟村扶贫工作调研[J]. 共产党员：河北, 2017（9）：26-27.

[235] 张颖慧, 聂强. 小额信贷经理人愿意扶贫吗？——基于西北地区贫困县152位信贷经理人的经验分析[J]. 西北农林科技大学学报（社会科学版）, 2016, 16（6）：136-143.

[236] 张忠朝, 袁涛. 医疗保障扶贫实施情况分析研究[J]. 中国医疗管理科学, 2016（4）：10-15.

[237] 章晓懿, 沈崴奕. 医疗救助对低收入家庭贫困脆弱性的缓解作用研究[J]. 东岳论丛, 2014, 35（8）：10-16.

[238] 赵曦, 罗洪群, 成卓. 机制设计理论与中国农村扶贫机制改革的路径安排[J]. 软科学, 2009, 23（10）：69-73.

[239] 赵要军, 王禄生. 中国、美国、泰国三国医疗保险制度比较分析[J]. 中国卫生经济, 2009, 28（11）：41-44.

[240] 郑晓玲, 朱栩. 我国台湾地区微型保险研究与借鉴[J]. 金融与经济, 2015（1）：80-83.

[241] 郑长德. 贫困陷阱、发展援助与集中连片特困地区的减贫与发展 [J]. 西南民族大学学报（人文社科版），2017（1）：120-127.

[242] 钟罗发，应骥. "四位一体"金融帮扶助推精准扶贫 [J]. 老区建设，2016（3）：49-51.

[243] 周绿林. 医保扶贫重点是大病关键是防病 [J]. 中国医疗保险，2016（2）：27-27.

[244] 祝国平，常燕. 农业保险对农村信贷的促进作用研究 [J]. 经济纵横，2014（7）：32-35.

[245] 庄天慧，陈光燕，懒红星. 精准扶贫主题行为逻辑与作用机制研究 [J]. 广西民族研究，2015（6）：138-146.

[246] 左停，杨丽鑫，钟玲. 精准扶贫：技术靶向，理论解析和现实挑战 [J]. 贵州社会科学，2015（8）：156-162.

后　　记

本书得到了教育部人文社会科学重点研究基地项目"中国特色多层次贫困治理与保险保障体系研究"（22JJD790089）、高等学校学科创新引智计划（B17050）、中央财经大学中央高校基本科研业务费专项资金的联合资助，在此表示感谢！

本书的编写得到了中央财经大学保险学院、中国精算研究院的大力支持，在此对中央财经大学保险学院、中国精算研究院院长周桦教授，副院长郑苏晋教授、王丽珍教授表示感谢；特别感谢中国精算研究院徐景峰教授、孟辉研究员、周县华教授、寇业富教授以及西南财经大学陈滔教授、上海财经大学曾旭东教授对本书的指导和帮助。许多曾经就读于中央财经大学保险学院的硕博研究生参与了本书部分章节的撰写工作，其中，中央财经大学保险学院2020届博士、现河北工业大学理学院副教授张建，2018届硕士、现太平再保险（中国）有限公司高级经理王恺珣与本人一起完成了本书第3章的写作；2020届博士、现贵州财经大学大数据应用与经济学院副教授贺晔平，2020届博士、现中国农业科学院农业经济与发展研究所助理研究员吕刘与本人一起完成了本书第4章的写作；2020届博士、现贵州财经大学大数据应用与经济学院副教授贺晔平与本人一起完成了本书第5章的写作；2024届硕士、现新华人寿保险股份有限公司精算部陈旭升与本人一起完成了本书第6章的写作。此外，中央财经大学保险学院的部分学生参与了本书的修订校正工作，他们是黄琪骏、张龄立、唐来乐、王艺蓉等，在此对他们的付出表示感谢！

虽然我们在模型的设立、参数的选取、结果的展示等方面付出了很大努力，但是由于作者水平有限，本书中的不足和疏漏之处在所难免。恳请广大读者提出建设性意见，以便进一步完善修改。

本书研究结果完全出自科研人员的独立研究，仅供读者参考。

廖朴

2025 年 6 月